WIE SCHMECKT DAS BURGENLAND?

„Sie führen das allerkümmerlichste Leben, da
sie weder guten Boden noch günstiges Klima
haben und kein Öl, keinen Wein (oder nur
sehr wenig und von geringer Güte) bauen, da
den größten Teil des Jahres die grimmige Kälte
bei ihnen herrscht. Gerste und Hirse ist ihre
Speise zugleich und ihr Trank; Dagegen sind
sie das tapferste Volk, das wir kennen; sie sind
sehr jähzornig und mordsüchtig, da das Leben
ihnen überhaupt nicht viele Reize bietet."

CASSIUS DIO,
RÖMISCHER STATTHALTER IN PANNONIEN,
ÜBER DIE PANNONIER

DIE ILLMITZER HÖLLE IST EIN PARADIES FÜR VÖGEL UND SPAZIERGEHER.

DER HAFEN BREITENBRUNN IM WINTER.

DIE MENSCHEN UND DIE KÜCHE EINER REGION ZWISCHEN PUSZTA UND ALPEN.
TOBIAS MÜLLER, INGE PRADER, MAX STIEGL

MIT GASTBEITRÄGEN VON
THOMAS BREZINA, WOLFGANG BÖCK, SASKIA JUNGNIKL, WOLFGANG WEISGRAM,
ELFIE SEMOTAN, ÄGIDIUS J. ZSIFKOVIC, NICOLE AIGNER, GERTI ANDERSSON,
KATHARINA GRAF-JANANOSKA, ULRIKE TRUGER, FRANK HOFFMANN,
BARBARA KARLICH, THOMAS STIPSITS.

Wie meckt das land?

DER EINGANG ZUM PRÄCHTIGEN BAROCKEN SPEISESAAL DER BURG BERNSTEIN.

FAST SCHON OSTEN. BEINAHE SÜDEN. AUF ALLE FÄLLE KÖSTLICH.

Das Burgenland ist ein ganz besonderes Land: Kein anderes Bundesland vereint eine so spektakuläre Vielfalt an Landschaften, Menschen und Kulturen in sich. Neben der deutschsprachigen Mehrheit leben hier Ungarn und Kroaten, Slowenen und Roma, es gibt jüdische, orthodoxe, katholische und protestantische Gemeinden.

Die letzten Ausläufer der Alpen treffen auf die ungarische Tiefebene: An klaren Tagen schimmert in der Ferne der Gipfel des Schneebergs in den Salzlacken des Seewinkels, und von den steilen Hängen des Csaterbergs verliert sich der Horizont hinter einer endlosen Steppe. Und weil das Burgenland so begünstigt ist, gedeihen Obst und Gemüse, Wein und Vieh hier ganz besonders gut.

Wir wollen diesem bunten, oft weiten Land mit diesem Buch ein kulinarisches Denkmal setzen. Wir haben uns auf die Suche gemacht nach Produkten, die das Land in den vergangenen 100 Jahren geprägt haben, nach motivierten Produzenten und traditionellen Rezepten, vom nördlichen Neusiedler See bis hinunter an die slowenische Grenze.

Wir haben Menschen von Norden bis Süden besucht, von den Hasenjägern südlich der Donau bis zu den Breinwurstmachern und Kürbiskernölschlägern des Dreiländerecks, wir haben mit den Kästnklaubern im Mittelburgenland Kastanien gesammelt und auf dem Leithaberg Kirschen gebrockt.

Wir haben mit den Menschen unterwegs gekocht und gegessen: Vertraut-Typisches wie Grammelpogatscherl und Seltengewordenes wie Topfen-Fosn, Einfach-Heimeliges wie Heidensterz sowie Festtagsspeisen wie gebratene Gänse. Und wir haben interessante Burgenländer*innen – geborene und gewordene – gebeten, uns ein wenig über ihre (Wahl-)Heimat zu erzählen. Weil es im Burgenland viel mehr tolle Produkte, Rezepte, Köch*innen und Produzent*innen gibt, als jemals in ein Buch passen könnte, erheben wir natürlich keinen Anspruch auf Vollständigkeit. Deswegen haben wir den Titel „Wie schmeckt das Burgenland?" mit einem Fragezeichen versehen. Das Buch ist nicht die, sondern eine Antwort. Und wer weiß, vielleicht folgt ja eines Tages eine weitere.

Bis dahin hoffen wir, dass es Ihnen hilft, das Burgenland zu genießen – sei es als Reiseführer, als Kochbuch oder Bildband. Möge es Anregung sein für möglichst viele Menschen, sich selbst auf den Weg zu machen, all diese Köstlichkeiten und noch viel mehr zu entdecken.

Tobias Müller, Inge Prader, Max Stiegl

WILD

Das weite, flache Land um Gattendorf ganz im Norden des Burgenlands ist eines der besten Hasenjagdgebiete Europas.

Jedes Jahr im Herbst versammelt Oberjäger Georg Wurm seine Waidmänner hier zu großen Treibjagden, bei denen oft hunderte Hasen geschossen werden. Bei der anschließenden „Hasenstreckenlegung" werden die Tiere auf einer Lichtung in Mustern aufgelegt. Wenn es dunkel wird, entzünden die Jäger ein Feuer und ein Priester segnet die Beute, es wird gesungen und in die Hörner geblasen.

Auch abgesehen von Hasen gibt es im Burgenland eine fantastische Vielfalt an Niederwild, vor allem aber delikates Wildgeflügel: Fasane und Wildenten, Wachteln, Rebhühner. Sogar Schnepfen, für die Franzosen die Königinnen des Wildgeflügels, leben hier in so großer Zahl, dass sie behutsam bejagt werden können. Im Leithagebirge wiederum wird Rotwild wie Hirsch oder Reh und sogar Mufflon, ein köstliches Wildschaf, gejagt.

Der Wildreichtum liegt einerseits daran, dass sich die Jäger auch außerhalb der Jagdzeiten gut um die Bestände kümmern: Die Hasen etwa werden von Georg Wurm im Sommer gefüttert, wenn sie nach der Getreideernte wenig zu fressen finden. Andererseits hat sich in vielen Teilen des Burgenlands eine kleinteilige Landwirtschaft mit vielen Hecken und Büschen, Beerensträuchern und Obstbäumen zwischen den Feldern erhalten. Die Wildtiere wissen diesen Lebensraum zu schätzen.

In der schlechten alten Zeit war Wild – vor allem Hochwild und Wildgeflügel – und die Jagd den Adeligen vorbehalten. Der Hase aber war bis vor ein paar Jahrzehnten auch bei den einfachen Bauern im Nordburgenland eine höchst beliebte Delikatesse: Nach der Treibjagd kauften die Frauen des Dorfes die Tiere auf und schmorten sie zu saurem Hasen, einem traditionellen Ragout.

Heute interessieren sich nur noch wenige für das köstliche Fleisch mit seinem kräftigen Aroma. Weil sie hier keiner will, werden die burgenländischen Hasen nach Belgien verkauft, wo sie zerlegt im Supermarkt landen. Die fantastischen Wildvögel gingen lange Zeit nach Frankreich. Dort zahlen Feinschmecker Spitzenpreise für sie.

Langsam entdeckt aber auch die burgenländische Gastronomie den Wildreichtum wieder. Jäger Wurm beliefert etwa Max Stiegl im Gut Purbach mit Hasen und außergewöhnlichem Wildgeflügel.

GEORG WURM LEITET JEDES JAHR MEHRERE HASENTREIBJAGDEN UM GATTENDORF.

11

SAURER HASE

Rezept für 2 bis 4 Personen, je nach Hase und Hunger

ZUTATEN

1 Feldhase, ausgezogen und grob zerlegt
500 ml Rotwein
500 ml (Wild-)Suppe oder Wasser
2 Zwiebeln, geschält und grob geschnitten
1 Karotte, geschält und grob geschnitten
1 Petersilwurzel, geschält und grob geschnitten
10 Wacholderbeeren, leicht angequetscht
4 Lorbeerblätter
1 Rosmarinzweig
20 g Mehl
Sauerrahm
Essig

ZUBEREITUNG

Die Hasenteile mit dem Wein, der Suppe, dem Rosmarin, den Lorbeerblättern, Wacholderbeeren und Zwiebeln in einen Topf geben. Gut salzen und über Nacht im Kühlschrank marinieren lassen.

Am nächsten Tag dem marinierten Hasen das Wurzelgemüse zugeben und alles zusammen zugedeckt im Backrohr bei 180 Grad oder auf niedriger Hitze am Ofen etwa 1,5 bis zwei Stunden weichdünsten.

Danach die Hasenteile herausheben und das Fleisch von den Knochen lösen. Eventuell in mundgerechte Stücke schneiden.

Gewürze aus der Schmorflüssigkeit fischen. Gemüse und Flüssigkeit passieren und eventuell durch ein Sieb streichen. Mehl zugeben und köcheln, bis die Sauce eindickt und der Mehlgeschmack verkocht ist, etwa 30 Minuten.

Die Hasenstücke der Sauce beifügen und gut durchwärmen. Mit Sauerrahm und/oder Essig abschmecken und mit Semmelknödeln und Preiselbeeren servieren.

GESCHMORT UND GEGESSEN VON FERRI TSCHANK, EISENSTADT.

13

HASENSTRECKE BEI GATTENDORF IM NORDBURGENLAND.

HUHN

Der Purbacher Kirtag fand einst jedes Jahr am zweiten Sonntag nach Ostern statt.

In den 1960er-Jahren aber wurde er per Gemeinderatsbeschluss in den August verlegt. Offiziell wegen des besseren Wetters, aber in Purbach hält sich hartnäckig das Gerücht, dass das Wetter nur indirekt schuld war und der wahre Grund woanders lag: Kurz nach Ostern waren die Hühner schlicht noch nicht fett und groß genug, um als Backhendl für den Kirtag zu taugen.

Das Huhn im Allgemeinen und das Backhendl im Besonderen sind ein Symbol für den wachsenden Wohlstand und die stark veränderte Landwirtschaft nach dem Zweiten Weltkrieg. Lange Zeit war Huhn das teuerste Fleisch auf den Speisekarten der Restaurants und für arme Leute kaum erschwinglich: Zu langsam setzte es (vor allem wenig) Fleisch an, um sich als Alltagsspeisetier zu lohnen.

Zwar war das nördliche Burgenland über lange Zeit ein Zentrum der Geflügelzucht: „Heanzische Hühnerkramer" zogen mit ihren Käfigen mit lebenden Tieren und Eiern auf die Wiener Märkte. Sie selbst haben die Tiere allerdings nur selten gegessen. „Waun isst der Bauer a Henn? Waun er oda die Henn krank san", lautete ein Spruch. Die alten Legehennen wurden als Suppenhuhn verkocht. Junge Brathühner gab es nur an Feiertagen, etwa im Herbst nach der abgeschlossenen Weinlese, nach der gern ein „Lesehahn" aufgetischt wurde.

Das Alltagsspeisetier war das Kaninchen, das sich viel einfacher in Käfigen halten ließ, viel schneller wuchs und mit weniger und minderwertigerem Futter mehr Fleisch ansetzte. Blätter reichen ihm, während ein Huhn, das nur Grün- und kein Mastfutter wie Getreide bekommt, einen äußerst mageren, zähen Braten abgibt.

Nach dem Krieg änderte sich das, zuerst auf dem Land, wo die Bauern es sich nun leisten konnten, einige Hühner zu mästen und regelmäßig selbst zu essen: Burgenländer um die 60 dürften sich gern an die Majoranhendln, Paprikahendln oder Reishendln (eine Art Reisfleisch mit Huhn) ihrer Kindheit erinnern.

Mit der einsetzenden Massentierhaltung und neuen Hühnerzüchtungen wurde das Huhn schließlich innerhalb weniger Jahrzehnte zum meistgeschundenen Nutztier und sein Fleisch zum billigsten im Kühlregal. Das Backhendl, einst Festtagsbraten und Symbol von Reichtum und Überfluss, wurde zum Tiefkühlbilligprodukt.

Aktuell geht der Trend wieder in eine andere Richtung: Langsam gewachsene Hühner aus Freilandhaltung sind wieder höchst gefragt und dürfen auch was kosten. Hansi und Evelyne Pfaller etwa mästen ganz köstliche, glückliche Hennen und Hähne auf ihrem Biohof in Parndorf.

HANSI PFALLER HÄLT AUF SEINEM BIOHOF IN PARNDORF GLÜCKLICHE KÜHE, SCHWEINE, HÜHNER UND ENTEN. WENN DIESES BUCH ERSCHEINT, WIRD ER SCHON IN PENSION GEGANGEN SEIN.

JÜDISCHE HÜHNERLEBER

wie im Gasthaus zur Dankbarkeit in Podersdorf

Rezept für 4 Gläser

ZUTATEN

300 g Hühnerleber (oder Gänseleber)

250 g Zwiebeln

300 g Gänseschmalz

3 Knoblauchzehen

Majoran

Kümmel

Oregano

Salz, Pfeffer

Ein Klassiker der jüdischen Küche, nicht nur, aber auch im Burgenland. Die Eier, wie häufig in Rezepten angegeben, werden hier weggelassen, dafür gibt es eine Prise Majoran.

ZUBEREITUNG

Die Zwiebeln in feine Ringe schneiden und im Schmalz dünsten, ohne dass sie Farbe annehmen. Die geputzte Leber dazugeben und alles bei kleiner Flamme schmoren, bis die Leber gar ist.

Das Ganze im Mixer oder Cutter fein pürieren. Danach mit Salz, Pfeffer, Knoblauch, Kümmel, Oregano und Majoran würzen und nochmals kurz erhitzen.

Die heiße Leber in kleinen Portionsformen (Porzellan, Glas) füllen und erkalten lassen. Zum Schluss die Leber mit flüssigem Schmalz ca. 3 mm hoch bedecken und sie so bis zum Servieren luftdicht verschließen.

Mit frischem Brot servieren.

EINGEKOCHT UND GEGESSEN VON MARKUS LENTSCH, GASTHAUS ZUR DANKBARKEIT, PODERSDORF.

19

LEITHABERGER EDELKIRSCHEN

Im frühen Frühling stehen die Kirschbäume des Leithagebirges in voller Blüte.

Die knorrigen alten Bäume präsentieren sich dann wie herausgeputzte Bräute in einem weiß-rosa Kleid. Sie duften und strahlen umso beeindruckender, weil die kahle Landschaft rundherum noch im Winterschlaf liegt.

Ihre Pracht war trotzdem nicht der Grund, weswegen einst jeder Weinbauer des Leithabergs Kirschbäume zwischen seinen Reben pflanzte: Kirschen ließen sich gut verkaufen und verhalfen vielen Selbstversorgerfamilien zum ersten Bargeld nach einem harten Winter. Während der Erntezeit zogen tagtäglich fahrende Kirschhändler, die sogenannten „Pracker", mit ihren Rosswägen durch die Dörfer entlang des Leithagebirges, um Kirschen für die Wiener Märkte zu kaufen.

Die Händler zahlten um die Mitte des vergangenen Jahrhunderts einen Schilling für ein Kilo Kirschen. Wer fleißig war, konnte bis zu 100 Schilling am Tag verdienen – ungefähr das Dreifache des sonst üblichen Tageslohns. Bereits um vier Uhr in der Früh, knapp vor Tagesanbruch, standen die Ernter daher auf ihren Leitern. Oft waren es Mädchen und junge Frauen, die die Kirschen in Fünfer-Partien brockten (die Burschen der Leithaberg-Dörfer verdienten ihr Geld eher mit dem Schilfschneiden).

Die Kirschernte war und ist mühsam und mitunter gefährlich: Von hohen Leitern aus müssen die Früchte vorsichtig per Hand gepflückt werden. Die Ernter müssen dabei aufpassen, ja nicht auf Äste zu steigen, weil Kirschbaumäste leicht brechen und oft morsche Stellen haben, die von außen nicht zu sehen sind. Jedes Jahr, erinnern sich alte Leithaberg-Bewohner, stürzten einige junge Mädchen ab und verletzten sich mitunter schwer.

Die Hänge des Leithagebirges bieten der Kirsche perfekte Bedingungen. Jedes Dorf hier hat seine eigene Kirschsorte. Von der Purbäcker Spätbraunen bis zur Joiser schwarzen Einsiedekirsche – acht verschiedene Sorten gedeihen zwischen Jois und Donnerskirchen. Wie die Namen schon andeuten, sind die Früchte der alten Bäume meist braun oder schwarz, nicht leuchtend rot, wie heutige Konsumenten ihre Kirsche erwarten.

Andrea Strohmayer aus Breitenbrunn hat sich vor allem auf die Vermarktung von verarbeiteten Kirschprodukten wie reinsortigen Fruchtaufstrichen und Kirschfrizzante verlagert. Wenn sie ihre Früchte frisch verkaufen will, dann hört sie von Unwissenden oft, dass diese doch schwarz und daher verdorben seien. Dabei sind die Leithaberg-Kirschen bloß etwas weicher in der Konsistenz, dafür ausgesprochen süß und aromatisch – und im Gegensatz zu roten Sorten sind sie außerdem so gut wie wurmfrei.

Strohmayer kümmert sich als Mitglied des Vereins Leithaberger Edelkirsche um die Erhaltung der alten Bäume und der Kulturlandschaft und erntet jene Bäume, die von ihren Besitzern sonst einfach hängen gelassen würden.

ANDREA STROHMAYER ERNTET IN UND UM BREITENBRUNN DIE KIRSCHENBÄUME, UM DIE SICH SONST KEINER KÜMMERT.

23

GRIESSSCHMARRN

mit Leithaberger-Edelkirschen-Kompott

Rezept für 4 Personen

ZUTATEN

Für das Leithaberger-Edelkirschen-Kompott
500 g Leithaberger Edelkirschen, entsteint oder mit Kern, nach Geschmack
200 ml Leithaberger-Edelkirschen-Saft
1 EL Honig
1 Zimtstange, 2 Stk. Nelken
Zitronenzeste und Saft von einer Biozitrone
2 TL Speisestärke (optional)

Für den Grießschmarrn
50 g Hartweizengrieß
80 g Glattes Mehl
50 g Zucker
300 ml Milch bzw. Milchalternative
1 Stk. Zimtstange
2 TL Vanillezucker
3 Eidotter, 3 Eiklar
1 Prise Salz
40 g Butter

ZUBEREITUNG

Leithaberger-Edelkirschen-Kompott: Kirschsaft, Honig, Zimt, Nelken, Zitronenzeste und Zitronensaft aufkochen lassen. Zimt, Nelken und Zitronenzeste eventuell in ein Gewürzsäckchen packen, damit sie nachher leicht aus dem Kompott entfernt werden können.

Kirschen hinzufügen und für weitere zehn Minuten im Gewürzsaft leicht köcheln. Wer das Kirschkompott gern sämiger hat, kann nun die Speisestärke mit Kirschsaft vermischen und anschließend dem köchelnden Kompott hinzufügen.

Das Kompott lässt sich auch sehr gut in der Speisekammer aufbewahren, dafür gehört es lediglich noch in sterile Gläser abgefüllt. Die Gläser mit einem sauberen Deckel verschließen, danach die verschlossenen Gläser bei 90 Grad für 20 Minuten in den Dampfgarer geben. Das funktioniert auch im Backrohr, indem man am Boden eine Auflaufform mit Wasser hineinstellt und die Gläser auf mittlerer Schiene pasteurisiert.

Grießschmarrn: Grieß in einer Pfanne trocken rösten, bis er duftet. Milch mit Zimt und Vanillezucker kurz aufkochen, Zimtstange entfernen und Grieß einrühren. Bei geringer Hitze ein Grießkoch zubereiten und anschließend in der Küche abkühlen lassen (nicht im Kühlschrank).

Mehl, Grießkoch und Eidotter vermischen und glattrühren. Eischnee schlagen und Zucker sowie eine Prise Salz einmengen. Eischnee langsam unter die Grießmasse heben.

In einer Pfanne 20 g Butter zerlassen und Grießmasse eingießen, auf dem Herd zugedeckt ca. 5 Minuten backen. Sobald die Unterseite gebräunt ist, den Schmarrn halbieren und jede Hälfte wenden. Mit der restlichen Butter weitere fünf Minuten auf der anderen Seite backen. Anschließend den Schmarrn in der Pfanne mit zwei Gabeln in Stücke zerteilen.

Mit Staubzucker bestreuen und mit dem Kompott servieren.

GEBACKEN UND GEGESSEN VON ROSEMARIE STROHMAYER, BREITENBRUNN.

25

DAS BURGENLAND IST MITUNTER EIN WEITES LAND · SONNENAUFGANG IM SEEWINKEL

ÜBER DIE SALBUNG VON KOPF, MAGEN UND HINTERN

SAUTANZ IN PAMHAGEN.

DIE KIRCHE WILL DEN MENSCHEN ZUR (HIMMLISCHEN) FREUDE FÜHREN, DOCH SIE DARF IHN DABEI MIT IHRER GEISTLICHEN KOST AUCH NICHT ÜBERFORDERN.

Oft erinnere ich mich an die wahre Geschichte des burgenländischen Mesners vom Land, dem sein Pfarrer eine echte Freude machen wollte. Weil der Mesner immer so fleißig war, lud Hochwürden ihn zum Essen in den Pfarrhof ein. Der Herr Pfarrer hat dem guten Mann immer wieder nachgelegt, eine Scheibe Schweinsbraten mit Krautsalat hier, eine Blunze dort, zuletzt noch die burgenländische Mehlspeis. Bis sich der Mesner, der aus Gehorsam und Höflichkeit schon weit über den Hunger hinaus gegessen hatte, nicht mehr erwehren konnte und zum Pfarrer im Tonfall größter Ehrerbietung sagte: „Vergelt's Gott, Hochwürden, vergelt's Gott, aber ich muss schon speiben!"

Auch als Bischof ist man im Burgenland steter aggressiver Gastfreundschaft ausgesetzt. Wenn man die vielen Pfarren der Diözese zu visitieren hat (es sind 171), erwarten die Menschen zu Recht von einem, dass man mit ihnen isst und trinkt, wenn man schon nur alle paar Jahre zu ihnen kommt. Dementsprechend groß wird aufgekocht. Was sie dabei vergessen, ist, dass ich als Bischof an ein und demselben Tag vorher oder nachher auch in einer anderen Pfarre zu Gast bin. Im Klartext: Ich habe an einem Visitationswochenende bis zu vier burgenländische Festtafeln zu bewältigen.

Einer, der diesen liebevollen gastronomischen Anschlägen auf Leib und Leben im Voraus entgehen wollte, war Josef Schoiswohl, einer der für das burgenländische Kirchengebiet zuständigen Apostolischen Administratoren – noch bevor es eine Diözese im Burgenland gab. Im Archiv des Bischofshofs in Eisenstadt finden sich Visitationsprotokolle von ihm. Darin ordnet Schoiswohl, der magenkrank war, penibel an, wie sein Speiseplan bei den bischöflichen Visitationen auszusehen hatte: Suppe und Krautfleckerl waren das Höchste der Gefühle, darüber hinausgehende Attacken auf die bischöfliche Gesundheit waren von dem asketischen Schoiswohl strikt untersagt.

Weil auch ich überleben will und muss, kann ich nur sagen: Der nächste Bischof nach mir muss außer am Kopf noch extra gesalbt werden – und zwar am Hintern fürs lange Sitzen bei unzähligen Veranstaltungen und an Bauch und Magen für das viele fantastische Essen, das ihm im Burgenland in bester Absicht, aber mit durchaus herausfordernden Nebenwirkungen dargereicht wird.

Prost, Mahlzeit und Amen!

Bischof Ägidius J. Zsifkovics

SCHAFE IN TADTEN AM RAND DER PUSZTA.

MARILLENBLÜTE IN KITTSEE.

31

KRAUT

Es ist kaum zu überschätzen, wie wichtig das Kraut immer schon im Burgenland war.

Kein Acker, kein Gemüsegarten, auf und in dem nicht ein paar Krautköpfe wuchsen, und keine Bauernfamilie, die nicht mindestens ein Fass mit eingelegtem Sauerkraut für den Winter hortete.

Das liegt natürlich einerseits daran, dass Kraut mit seinen vielen zart-scharfen Senfölen, seinem Zucker, der so herrlich karamellisiert, wenn man es brät, oder seiner würzig-sauren Note, wenn es milchsauer vergoren wird, ganz köstlich schmeckt. Andererseits aber, und das wiegt wohl schwerer, wächst es fast immer und überall, ist sowohl frisch als auch vergoren sehr, sehr lange haltbar, und enthält jede Menge guter Dinge, die wir zum Leben brauchen. Sein Vitamin-C-Gehalt etwa ist so hoch, dass die britische Marine einst stets Sauerkraut mitführte, um ihre Matrosen vor Mangelerkrankungen zu schützen.

Im Winter, wenn die Felder brachlagen, war Kraut für viele burgenländische Familien neben Rüben das einzig frische Gemüse, das zur Verfügung stand. Dementsprechend versiert waren die Burgenländerinnen darin, Kraut zuzubereiten – mit Krautrezepten allein ließe sich ein eigenes Buch füllen. Kraut wurde eingebrannt, „braungebraten", in Strudel oder Fosn (eine Art urburgenländische Golatsche aus Brotteigresten,

siehe S. 104) gefüllt, als Salat, Suppe, Paradeiskraut oder Krautfleckerl gegessen.

Eine besondere Spezialität war und ist der „Burgenländer": Fein gehobeltes Kraut wurde zusammen mit Paprika, Zwiebeln und noch grünen Tomaten gut gesalzen, mit Senf- und Pfefferkörnern in ein Glas gepackt und mit Essig bedeckt. Den ganzen Winter über ist der Burgenländer die perfekte Beilage zu Bohnenstrudel oder Bohnensterz.

Kraut war und ist nicht nur fixer Bestandteil eines jeden Sautanzes (gemeinsam mit Fleischabschnitten ergab es das Sautanzkraut, im Südburgenland wurde zu Weihnachten auch das Christkraut gegessen, das für Glück, Segen und ausreichend Nahrung im kommenden Jahr sorgen sollte. Und in manchen Ortschaften durfte der Hochzeitstanz erst beginnen, nachdem das Kraut aufgetragen war.

Ganz so essenziell ist es heute nicht mehr – es gehört aber immer noch zu den beliebtesten Zutaten der burgenländischen Küche und ist in vielen Hausgärten zu finden. Iris Wallner baut es in Purbach im Burgenland biologisch an und verkauft es an Spitzenrestaurants – etwa an das Gut Purbach von Max Stiegl.

IRIS WALLNER BAUT IN PURBACH AM NEUSIEDLER SEE BIOGEMÜSE AN UND ERNTET AUCH JEDES JAHR JEDE MENGE KRAUT – NICHT NUR, ABER AUCH FÜR SAUERKRAUT.

PARADEISKRAUT

Rezept für 2 Personen

ZUTATEN

1/4 Krautkopf
Rindssuppe
2 EL Schmalz
Prise Salz
Kümmel nach Wunsch
2 TL Mehl
1/4—1/2 l gekochte, passierte Tomaten
(je nach Größe des Krautkopfes)
(Paprika)

ZUBEREITUNG

Kraut waschen und feinblättrig schneiden. Mit etwas Rindsuppe, Salz und Kümmel zugedeckt weichdünsten.

In einem zweiten Topf das Schmalz oder Butterschmalz zerlassen, mit dem Mehl stauben und unter Rühren rösten (einbrennen lassen), bis die Farbe hellbraun ist. Dann mit den Tomaten aufgießen. Danach das gekochte Kraut hinzufügen, nochmals aufkochen und abschmecken.

Optional kann auch etwas Paprika mit den passierten Tomaten in der Einbrenn verrührt werden.

GEKOCHT UND GEGESSEN VON EVAMARIA KARALL, NIKITSCH.

35

INNEREIEN

Wenn im Burgenland geschlachtet wurde, wurde nichts weggeschmissen. Ganz sicher auch keine Innereien.

Was heute gerne von Spitzenköchen als „nose to tail", die komplette Verwertung eines Tiers, gefeiert wird, war vor gar nicht allzu langer Zeit völlig selbstverständlich.

Innereien waren und sind untrennbar verbunden mit dem Schlachttag, der im Burgenland oft Sautanz heißt (siehe auch S. 256). Der war ein großer Festtag: Die ganze Familie, Nachbarn und Freunde kamen zusammen und halfen, die geschlachtete Sau zu zerlegen und zu verarbeiten, einzusalzen, zu kochen, ins Schmalz einzugießen und zu verwursten. Leber und Nieren sowie Hirn und Blut lassen sich nicht gut konservieren, sie wurden deswegen entweder zu Würsten verarbeitet – Blunze oder Leberwurst – oder gleich zuallererst an Ort und Stelle frisch genossen.

Burgenländische Köchinnen (es waren meist Frauen) waren immer schon Meisterinnen darin, Köstlichkeiten aus Innereien zuzubereiten: von der klassischen Sautanzleber mit ganz viel aromatischem Majoran über herrlich saure Nierndln bis hin zum fluffigen Blutnigl, einer Art Soufflee aus frischem Blut. Auch das Fleisch rund um den Schnitt, der dem Schwein die Kehle durchtrennte – das sogenannte Stichfleisch – wurde

verkocht: Es wurde im Schmalz angebraten und gemeinsam mit anderen Abschnitten und viel Sauerkraut als „Sautanzkraut" serviert.

Weil der Sautanz ein fast religiöses Fest war und sich nicht jeder Fleisch leisten konnte, wurde auch der Armen des Dorfes gedacht: Sie durften sich das Wurstkochwasser, die sogenannte Blunznsuppn, holen oder bekamen anspruchsvolle Teile wie den Magen geschenkt. Auf diese Art der Almosen geht das vielleicht berühmteste Rezept der burgenländischen Roma zurück, die Schweinsmagerlsuppe (siehe S. 40).

In Zeiten, in denen Fleisch das ganze Jahr über zu wenigen Euro pro Kilo im Supermarkt zu haben ist, haben Innereien für viele ihren Reiz verloren. Wir finden: Es ist höchste Zeit, sie wieder zu entdecken, mit all den unterschiedlichen Konsistenzen und den aufregenden Geschmäckern! Ein Sautanz ist dafür die perfekte Gelegenheit. Max Stiegl veranstaltet jedes Jahr mindestens einen auf seinem Gut Purbach in Purbach am Neusiedler See. Dabei wird das Schwein unter tatkräftiger Mithilfe der Gäste zerlegt und gemeinsam genossen – und natürlich auch seine Innereien.

MAX STIEGL FEIERT AUF SEINEM GUT PURBACH IN PURBACH JEDES JAHR MINDESTENS EINEN TRADITIONELLEN SAUTANZ.

39

GUSCHUMANI SUMI

Schweinsmagerlsuppe

Rezept für 8 bis 10 Personen

ZUTATEN

4 Schweinemägen
1,5 kg Erdäpfel
Lorbeerblätter
Salz
Pfeffer ganz
Paprika gemahlen
Mehl
Öl
Essig

Ein Klassiker der burgenländischen Roma, der zeigt, wie man mit Liebe und Können auch schwierige Stücke vom Tier köstlich bekommt.

ZUBEREITUNG

Wasser in einen Topf geben, die Schweinemägen 2,5 bis 3 Stunden kochen. Danach aus dem Wasser nehmen und die weichgekochten Mägen in Streifen schneiden. Jetzt die 1,5 kg Erdäpfel schälen und würfelig schneiden. Wasser in einen Topf geben und die geschnittenen Mägen, Lorbeerblätter, Kartoffeln, den ganzen Pfeffer und Salz dazugeben und ca. 1,5 bis 2 Stunden kochen lassen.

Nun die Einbrenn machen. Dazu 2 EL Öl in eine Pfanne geben und erhitzen. Danach 4 El Mehl einrühren und goldgelb werden lassen. Jetzt die Einbrenn vom Ofen nehmen, einen Schuss Essig und den gemahlenen Paprika dazugeben und nochmals kurz erhitzen.

Danach die Einbrenn vom Ofen nehmen und in die Suppe einrühren. Die Suppe noch einmal aufkochen lassen, und dann kann sie auch schon serviert werden.

GEKOCHT UND GEGESSEN VON MARTIN HORVATH, SIGET IN DER WART.

41

DER NATIONALPARK NEUSIEDLER SEE IST EIN VOGELPARADIES: UNZÄHLIGE ZUGVOGELARTEN MACHEN HIER AUF IHRER JÄHRLICHEN REISE STATION

GETREIDE

Wann's Korn recht glui is g'wen, habn s' Habern g'mahln und's Mehl 'baht. Des war nit guat, d' Leut san rauschig worn, weil da is a Spindel drin g'wen.

(glui: wenig; Habern: Hafer; Spindel: grasartiges Ackerunkraut)

Getreide, vor allem Weizen und Roggen, war über lange Zeit die mit Abstand wichtigste Kalorienquelle des Burgenlands. Es wurde zu Sterz geröstet, zu Brei gekocht, zu Knödeln oder Nudeln geformt, zu Brot oder Mehlspeisen gebacken oder schlicht als Mehl in alle möglichen Speisen gestreut, um sie nahrhafter zu machen – sei es für die Mehlsuppe oder in Form der berühmten Einbrenn, die so gut wie jedes Gemüsegericht begleitete.

Brot aus Sauerteig wurde in jedem Haushalt selbst gebacken, entweder im eigenen Ofen – oder der Teig wurde zum Bäcker des Dorfes gebracht. Brot wurde nicht nur frisch genossen, sondern, einmal etwas härter geworden, auch in Suppen oder Kaffee gebrockt oder einfach mit etwas Knoblauch gebäht. Daneben gab es eine Unzahl verschiedener gefüllter Gebäcke: klassisches Sauerteigbrot, Zinolten (runde Laibchen aus weißem Mehl), Fosn (eine Art Golatschen), Fesn (eine Art Fladen), Strauben, Strudel und viele, viele mehr.

Dementsprechend schlimm war es für die Bauern, wenn die Getreideernte schlecht ausgefallen war: Das überlebenswichtige Mehl wurde dann mit allem Möglichen gestreckt, von Erdäfeln über Kastanien bis hin zu Hafer. (Das eingangs erwähnte Zitat stammt aus einer ethnologischen Studie über das Südburgenland aus den 1960er-Jahren.)

Das Nordburgenland gehört zu einem der besten Qualitätsweizen-Anbaugebiete der Welt: Der pannonische Weizen liefert zwar keine hohen Erträge, dank des speziellen Klimas hat er aber ganz besonders gute Backeigenschaften. Er war einst in der ganzen Monarchie berühmt und einer der wichtigsten Gründe, warum das Wiener Weißgebäck – die Semmeln, Salzstangerl und Kipferl – weltberühmt war. Selbst die Franzosen waren dermaßen beeindruckt, dass fluffiges, weißes Gebäck auf Französisch bis heute „Viennoiserie" heißt.

Die meisten Burgenländer aber mussten lange mit weniger noblem Mehl auskommen: Der edle Weizen wurde verkauft, für den Eigenbedarf wurde Roggen, Buchweizen und/oder Weizen minderer Qualität verbacken. „Das Brot der Hienzen (war) ein ganz schwarzes Kornbrot, obwohl saftig und wohlschmeckend, bei ganz Armen fand man sogar öfter das gelbe „Wickabrot" und nur in ausgesprochener Weizengegend weißes, leichtes Weizenbrot", schreibt M. F. Bothar in seinem Aufsatz „Über die Speisen der Hienzen".

Noch immer ist der pannonische Qualitätsweizen weltweit gefragt, der Klimawandel stellt die Bauern hier aber zunehmend vor Herausforderungen – die Gegend kämpft schon seit vielen Jahren mit immer größerem Wassermangel. Robert Neumayer baut für das Biolandgut Esterházy in Donnerskirchen nicht nur Weizen, Roggen und Braugerste an, er experimentiert auch mit mehr als 100 Getreidearten, um besonders trockenresistente und damit zukunftsträchtige Kandidaten zu finden.

ROBERT NEUMAYER BAUT FÜR DAS BIOLANDGUT ESTERHÁZY IN DONNERSKIRCHEN ÜBER 100 VERSCHIEDENE GETREIDESORTEN AN.

45

SCHOARLKRAPFEN

Rezept für etwa 10 Stück

ZUTATEN

300 g Mehl universal
80 g Butter
2 Eier
2 Eidotter
1 Prise Salz
1/8 l Weißwein, am besten ein Heuriger
Schmalz zum Backen
Staubzucker zum Bestreuen

Die etwas anderen Krapfen aus dem Burgenland sind ein Klassiker zur Faschingszeit.

ZUBEREITUNG

Mehl, Butter, Eier, Dotter und Salz anrühren, dann langsam den Wein einarbeiten, sodass ein glatter, zäher Teig entsteht. Zu einer Kugel formen und zirka eine Stunde zugedeckt rasten lassen.

Den Teig auf einem bemehlten Brett zirka 2 mm dick ausrollen und mit dem Teigrad Quadrate von zirka 10 x 10 cm radeln. In die Quadrate sechs fingerbreite Streifen radeln – dabei darauf achten, dass sie an den Rändern noch zusammenhängen, also eine Art Teiggitter entsteht.

Das Schmalz zum Backen in einem schweren Topf erhitzen. Jedes dieser Quadrate auf einen Kochlöffelstiel durch Aufheben jedes zweiten Streifens auffädeln, anheben und locker ins heiße Fett gleiten lassen. Nicht zu heiß, sondern langsam herausbacken und zwischendurch mehrmals wenden.

Auf einem Gitter abtropfen lassen und mit Staubzucker rundum bestreuen.

GEFORMT, FRITTIERT UND GEGESSEN VON MARAGARETE LANGECKER, KOBERSDORF.

47

BRAHMA-HAHN IM SÜDEN.

48

NACKTHALSHAHN IM NORDEN.

MEIN BURGENLAND

DIE NIKOLAUSZECHE IN PURBACH.

50

EIN HAUS IN DER TOSKANA WAR LANGE ZEIT MEIN TRAUM. Lange Sommer, Landschaft, die die Sinne beruhigt und gleichzeitig anregt, genussvolles Essen und Trinken und ein Gefühl von Leichtigkeit und Freiheit. Eine gute Freundin – selbst Burgenländerin – hat mir dazu ihre Meinung gesagt: „Vergiss es! Du fährst nie hin, weil es zu weit ist. Das Haus steht dann nur leer. Du hast das gleiche Klima im Seewinkel, viel näher zu Wien und viel schöner."

So hat meine Liebe zum Burgenland begonnen, die bis heute geblieben ist. Mit dem Burgenland verbinde ich den Begriff Genuss. Es gibt hier so viele Möglichkeiten und Arten, alle Sinne zu erfreuen. Viele Momente, Gerüche und Gefühle der Sommer im Burgenland sind in meiner Erinnerung verankert. Nur daran zu denken ist für mich Entspannung und neue Freiheit im Kopf.In den Sommern am See habe ich natürlich weitergearbeitet. Viele Bücher sind in dieser Zeit entstanden. Aber selbst ein Arbeitstag hat sich hier wie Urlaub angefühlt.

Viele Jahre hatte ich ein Haus an einem Kanal im Schilf, von wo ich bis zum offenen See schwimmen oder mit dem Boot fahren konnte. In einem kleinen Kanu bin ich an vielen Morgen durch den Schilfkanal zum See gepaddelt und habe dort die Morgensonne genossen. Am Abend hatte der Sonnenuntergang jedes Mal eine andere Schattierung von Gelb, Orange und Rot zu bieten.

Ende August am späten Nachmittag im See zu schwimmen war ein Gefühl, wie zu fliegen. Der Himmel und das Wasser werden im Dunst eins, und als Schwimmer bist du in der Mitte. Majestätisch gleiten die Reiher lautlos über das Schilf und landen auf versteckten Inseln, um Frösche zu jagen. Wie ein bunter Pfeil schießt der Eisvogel dahin, sein Türkis leuchtet hell. Eine Herde Graurinder zu beobachten gibt der Zeit eine andere Dimension. Mangalitza-Schweine in ihrer wolligen Pracht sind immer eine Freude anzusehen.

Auf dem zugefrorenen Neusiedler See eislaufen zu gehen ist ein Erlebnis der besonderen Art. Im Jahr 2012 war die Eisdecke zu Beginn des Jahres dick, der Wind war scharf. Ich brauchte nur die Arme zu Seite zur strecken, und schon war ich ein lebendes Segel und wurde von den kräftigen Böen über das Eis geschoben. Mühsamer war dann das Zurückfahren, und der Kampf mit dem Gegenwind hat mir die Tränen in die Augen getrieben.

Tückisch sind die dünnen Stellen des Eises. Eingebrochen bin ich auch einmal und bis zum Knie mit einem Bein im Wasser versunken. Als ich am Ufer angekommen bin, war mein Hosenbein steinhart gefroren. Um aus den Eislaufschuhen zu kommen, musste der Fön zu Hilfe genommen werden.

Die Kirschblüte im Frühling ist wie ein Fest, und auf Spaziergängen im Laufe der Sommermonate das Reifen der Trauben an den Rebstöcken zu verfolgen schenkt Glauben am Lauf der Dinge und hilft, der Zeit zu vertrauen.

Meine Verbundenheit mit dem Burgenland ist auch von Menschen geprägt. Allen voran von dem Maler Gottfried Kumpf und seiner Frau Guni. Die Bilder von Gottfried Kumpf sind wohl die besten Botschafter für die Schönheit des Landes. Der Zauber des Sees, der Löffler, der alten Bauernhäuser und Streckhöfe und des Wechsels der Jahreszeiten in der Landschaft des Burgenlandes hat kaum jemand eingefangen wie Kumpf. Seine Bilder werden von Menschen geliebt, weil sie damit ein Stück Lebensfreude ins Haus bringen.

Seit fast 25 Jahren schreibe ich immer wieder ein Musical für die Familienfestspiele Forchtenstein Fantastisch auf der gleichnamigen Burg. Die Musik komponiert natürlich ein Burgenländer: Gerhard Krammer. Was Seebühne und Römersteinbruch für Erwachsene, ist Forchtenstein Fantastisch für Kinder. Ein Theater wurde eigens in einer großen Scheune eingerichtet, und das Erlebnis, fast mitten im Geschehen zu sein, ist für viele die beste Art, mit den Wundern der Bühne Bekanntschaft zu machen.

Das Leben hat mich weitergeführt, mein Haus im Burgenland hat neue Bewohner gefunden. Meine Liebe zum Neusiedler See und den Orten, die an seinen Ufern liegen, hat sich aber nicht verändert. Immer wieder bin ich dort unterwegs. Auch wenn mir die Plätze vertraut sind, gibt es ständig Neues zu entdecken. Das Gefühl einer zweiten Heimat an einem besonderen Ort ist geblieben.

Thomas Brezina

FISCH AUS DEM NEUSIEDLER SEE

Einst kamen die Neusiedler-See-Fische aus der Donau, der Raab, Rabnitz und der Ikva.

Bevor die Flüsse im 19. Jahrhundert reguliert wurden, traten sie regelmäßig bei Überschwemmungen weit über ihre Ufer und vereinigten sich dabei mitunter auch mit dem Neusiedler See. Mit den Überschwemmungen kamen auch die Fische – und jene Arten, die das warme, ganz leicht salzige Wasser des Sees schätzten, blieben.

Kulinarisch interessant waren dabei vor allem vier Arten: der Zander, ein Raubfisch mit magerem Fleisch und mildem Geschmack, der Karpfen, der üppigste Fisch des Süßwassers, der Hecht mit seinem köstlichen Aroma und den schwierigen Gräten sowie der riesige Wels (bis zu 80 kg!) mit seinem schön marmorierten, vergleichsweise geschmacksintensiven Fleisch, das ein wenig an Meeresfisch erinnert.

Es ist anzunehmen, dass im See immer schon gefischt wurde, mit Sicherheit belegt ist die Seefischerei aber erst seit der Mitte des 17. Jahrhunderts – aus der Zeit sind uns die ersten Pachturkunden für Fischereirechte bekannt. In der burgenländischen Alltagsküche dürfte der Fisch jedoch kaum eine Rolle gespielt haben, denn viele Rezepte sind nicht überliefert: Fisch war so gut wie ausschließlich den Reichen und Adeligen vorbehalten. Klassische burgenländische Fischgerichte sind die Halászlé, die paprizierte ungarische Fischsuppe, und der Fogosch, der gegrillte Zander, eines der ganz wenigen Fischgerichte, das bereits im 18. Jahrhundert erwähnt wird.

Seit es keine Überschwemmungen mehr gibt, werden neue Jungfische bei Bedarf im See ausgesetzt. Eine besondere Spezialität hingegen ist im Aussterben begriffen: der Neusiedler-See-Aal.

Als mit steigendem Wohlstand die Nachfrage nach Seefisch im 20. Jahrhundert immer größer wurde, kamen findige Fischer auf die Idee, junge Aale im See auszusetzen. Zwar vermehrten sich die Tiere im See nicht, ansonsten aber fühlten sie sich pudelwohl, und sie wuchsen und gediehen: Im Jahr 1990, auf dem Höchststand der Aalfischerei, wurden 4,4 Millionen Jungaale pro Jahr ausgesetzt und pro Jahr bis zu 160 Tonnen Aal gefangen. Der Großteil wurde frisch oder geräuchert für gutes Geld exportiert.

Weil der Aal aber auch ein Räuber ist, führte seine Ansiedlung zu einem rasanten Rückgang oder gar Verschwinden der autochthonen Fischbestände. Als Teile des Sees 1992 zum Nationalpark erklärt wurden, lautete eine der Auflagen, dass keine neuen Aale mehr in ihm ausgesetzt werden dürfen. Heute werden zwar immer noch erwachsene Tiere gefangen, wenn die aber einmal aufgegessen sind, wird der Neusiedler-See-Aal wieder verschwinden – für immer, wie Tier- und Umweltschützer hoffen.

Bis es so weit ist, fischt Rudi Neumayer Aale und andere Neusiedler-See-Fische in Purbach am Neusiedler See – als einer der wenigen verbliebenen Berufsfischer.

RUDI NEUMAYER FISCHT IN PURBACH AM NEUSIEDLER SEE.

HALÁSZLÉ

ungarische Fischsuppe

Rezept für 6 bis 8 Portionen

ZUTATEN

1 kg Zander, Karpfen oder Wels, oder alles gemischt
500 g Kleinfisch aus dem Neusiedler See oder der Donau, etwa Brachse, Rotauge, Rotfeder oder Karausche
1,5 l Wasser
Salz
2 Zwiebeln, fein gewürfelt
Olivenöl
1—2 EL Tomatenmark
1 EL Paprikapulver, scharf
2 grüne Paprika, klein geschnitten
Frisch gemahlener Pfeffer
Milchner und Rogen der Fische, ausgestrichen (optional)
Sauerrahm zum Garnieren

ZUBEREITUNG

Für den Grundfond die Fische filetieren. Die Karkassen (Gräten und Köpfe, Anm.) mit Wasser und eineinhalb TL Salz einige Stunden köcheln lassen, danach abseihen.

Zwiebeln in Olivenöl anrösten, Tomatenmark zugeben, danach auch Paprika etwas mit anrösten (nur wenig, sonst wird er bitter). Kleingeschnittenen grünen Paprika hinzugeben, alles mit dem Fond aufgießen, die Fischfilets in Stücken hinzugeben, nochmals mit Salz und Pfeffer abschmecken. Falls verwendet, Milchner und Rogen zugeben und noch ca. 10 Minuten köcheln lassen.

Beim Anrichten eventuell noch einen Klecks Sauerrahm dazugeben.

GEKOCHT UND GEGESSEN VON GISELA KUMMER, MÖRBISCH.

57

KUKURUZ

Der Mais gelangte im 18. Jahrhundert ins heutige Burgenland und verdrängte schnell die einst wichtigere Hirse.

Weil das neue Getreide aus dem Osten kam, bekam das Maismehl im Volksmund den Namen „Türkenmehl" – der Sterz, der aus ihm gemacht wird, wird dementsprechend Türkensterz genannt.

Das Nordburgenland, vor allem der Seewinkel, galten einst als hervorragendes Maisanbaugebiet. Oft wurde er gemeinsam mit Kürbissen angebaut, die zwischen die Maisreihen gepflanzt wurden. Die beiden Pflanzen vertragen sich gut: Der Kürbis bedeckt den Boden und hilft so, Feuchtigkeit in der Erde und Unkraut fernzuhalten. Außerdem schützt er den Mais mit seinen stacheligen Blättern vor Schädlingen – ein unschätzbarer Vorteil in einer Zeit, in der Pflanzenschutzmittel unbekannt waren.

Die gleiche Mischkultur wird übrigens auch in Mexiko traditionellerweise bis heute betrieben, jenem Land, in dem man mehr vom Maisanbau versteht als sonst irgendwo auf der Welt. Hier kommen noch Bohnen dazu, die sich an den Maisstauden emporranken – die Technik ist daher als Drei-Schwestern-Methode bekannt.

Karl Ratzenböck kann sich noch gut an die Mais-Kürbis-Felder erinnern. Seine Familie bewirtschaftet den Paulhof bei Illmitz im Seewinkel in siebenter Generation. Sein Großvater züchtete in den 1920er-Jahren die Sorte „Weißer Maiskönig", die als der beste Speisemais im Burgenland galt und bis in die 1990er-Jahre im Burgenland angebaut wurde.

Einst war weißer Mais der bevorzugte Speisemais im Burgenland, während gelbe Sorten eher als Futter für das Vieh verwendet wurden. Junge Maiskolben wurden gekocht und mit Butter bestrichen gegessen, die reiferen Kolben gerebelt, die Körner gemahlen und für allerlei Mehlspeisen verwendet: vom klassischen Frühstückssterz über die Polenta (die vor allem bei den Kroaten beliebt war) bis hin zum „Prousa", einer Art Blechkuchen aus Maismehl, Milch, Zucker, Eiern, Fett und verschiedenen Früchten – ein üppiges, süßes Festmahl.

Weil moderne Maishybridsorten weniger Wärme und Licht brauchen, hat sich das Hauptanbaugebiet von Mais heute verlagert – von Pannonien nach Oberösterreich und Bayern, wo es kühler und feuchter ist. Das Saatgut des Weißen Maiskönigs ist verlorengegangen, auf dem Paulhof wird aber immer noch Mais angebaut.

KARL RATZENBÖCK BEWIRTSCHAFTET DEN PAULHOF IN ILLMITZ IN SIEBENTER GENERATION. DEN „MAISKÖNIG" BAUT ER LEIDER NICHT MEHR AN.

61

KUKURUZSTERZ MIT ZWETSCHKEN

Rezept für 1 Blech

ZUBEREITUNG

Alle Zutaten bis auf die Zwetschken gut verrühren. Ein Reindl mit Butter fetten und die Masse hineingießen.
Die halbierten Zwetschken eindrücken und mit Zucker und Zimt bestreuen.

Backen, bis es sich gesetzt und eine schöne Farbe angenommen hat. Mit Kaffee servieren.

ZUTATEN

0,5 l Vollfett-Joghurt oder Sauermilch
150 g Maismehl
1 TL Salz
1/2 Packerl Backpulver
1 Ei
Butter zum Ausfetten des Reindls
1 kg Zwetschken
Zimt und Zucker zum Bestreuen

GEBACKEN UND GEGESSEN VON THERESIA UITZ, MINIHOF-LIBAU.

63

„DAS QUARZ SITZT TIEF IM BERGESSCHACHT, DIE QUITTE STIEHLT MAN BEI DER NACHT." (WILHELM BUSCH)

64

WERKZEUGE FÜR DEN TRADITIONELLEN BLAUDRUCK (SIEHE AUCH S.240).

65

MANGALITZA

Das Schwein war für Bauern bis vor gar nicht allzu langer Zeit eine Art lebende Vorratskammer.

Im Sommer, wenn es warm war und Nahrung in Hülle und Fülle vorhanden war, wurde es mit all den Überschüssen und Abfällen gemästet, die Menschen nicht essen konnten oder wollten, bis es fett war. Wenn es dann kalt wurde und nichts mehr auf den Feldern wuchs, wurde es geschlachtet, zerlegt, verwurstet und eingesalzen – eine Art zweite, wunderbare Ernte.

Besonders begehrt war stets das Fett: Es ist nicht nur eine fantastische Kalorienquelle, es eignet sich auch zum Braten und Frittieren oder zum Eingießen von Fleisch, das so luftdicht konserviert werden konnte – lange vor der Erfindung des Vakuumiergeräts. Kein Wunder also, dass Fettschweine wie das Mangalitza als die Könige unter den Borstentieren galten. Die Tiere sind dicht behaart wie Wildschweine, Sauen können bis zu 350 Kilo schwer werden – bis zu 60 Prozent dieses Gewichts bestehen aus bestem Fett.

Bereits im 19. Jahrhundert wurden die Mangalitzas (auch Wollschweine genannt) in der deutschsprachigen Schweinefachliteratur „unter den besten Fettschweinen der Welt" gereiht. Auf alten Schwarz-Weiß-Fotografien aus dieser Zeit sieht man stolze Bauern neben ihren mächtigen Tieren stehen, die ihnen bis zu den Hüften reichen und von der Form mehr an ein Nashorn erinnern denn an ein Schwein.

Im Laufe des 20. Jahrhunderts – und mit der steigenden Nachfrage nach Olivenöl und magerem Fleisch – verschwanden die Mangalitzas fast vollständig aus dem Burgenland. Die Rasse überlebte vor allem dank der Bestände in Ungarn. Erst in den vergangenen 20 Jahren feierten sie ein ziemlich gelungenes Comeback.

Aus der einstigen Vorratskammer ist mittlerweile eine gefragte Delikatesse geworden. Weil Mangalitzas im Vergleich zu normalen Hausschweinen langsam wachsen und deutlich mehr Fett als Muskelmasse haben, ist ihr Fleisch vergleichsweise teuer. Am allerbesten schmecken sie, wenn sie ein glückliches Schweineleben führen durften: das ganze Jahr über draußen, mit reichlich Platz, um sich nach Lust und Laune durch Wald und Wiese zu wühlen.

Richard Tribaumer hält seine Mangalitzas genauso: auf einer feuchten Wiese am Ortsrand von Rust, dort, wo das Festland auf den Schilfgürtel trifft. Hier können sie im Sommer im Schatten von Büschen dösen oder sich im Schlamm suhlen, im Winter bietet ihnen ein Verschlag Schutz vor der pannonischen Kälte. Triebaumer schlachtet selbst. Er verkauft das Fleisch nicht nur frisch, sondern verarbeitet den enormen Rückenspeck zu Lardo oder macht Grammelschmalz mit Gewürzen oder Aufstriche aus den Abschnitten.

RICHARD TRIBAUMER ZÜCHTET MANGALITZAS UND ANDERE SCHWEINE AM RAND DES SCHILFGÜRTELS IN RUST.

GRAMMEL-POGATSCHERL

Rezept für 40 Stück

ZUTATEN

500 g Mehl
20 g Germ
1/8 l Milch
250 g Grummeln
50 g Schmalz
15 g Salz
Frisch gemahlener schwarzer Pfeffer
2 Eier
1/16 l trockener Weißwein
Petersilie, gehackt
Kümmel zum Bestreuen

ZUBEREITUNG

Grammeln fein hacken und mit dem Schmalz mischen. Germ in lauwarmer Milch auflösen und zehn Minuten ziehen lassen.

Mehl, Salz, Pfeffer und Petersilie vermischen, dann Grammelschmalz, ein Ei, die Germ-Milch und den Wein zugeben und alles zu einem Teig kneten.

Ausrollen, und jeweils linkes und rechtes Drittel über die Mitte schlagen, wie bei einem Blätterteig. Drei Mal wiederholen. In Folie schlagen und im Kühlschrank 30 Minuten rasten lassen. Backrohr auf 190 Grad Umluft vorheizen.

Teig etwa 1,5 cm dick ausrollen und ein Gittermuster darauf ritzen. Runde Teiglinge mit etwa 10 cm Durchmesser ausstechen. Das verbleibende Ei versprudeln, die Pogatscherl damit bestreichen und mit Kümmel und Salz bestreuen.

Im Rohr 15 bis 20 Minuten backen, bis die Pogatscherl schön goldbraun sind.

GEBACKEN UND GEGESSEN VON ANNA MARIA LEUSCHEN, NIKITSCH.

RUDI NEUMAYER BEJAGT DIE GESAMTE LANDSCHAFT UM DEN NEUSIEDLER SEE, VOM SCHILFGÜRTEL DES SEES BIS ZU DEN WÄLDERN DES LEITHAGEBIRGES.

70

JOSEPH KOÓ AUS STEINBERG-DÖRFL IST DER LETZTE PROFESSIONELLE BLAUDRUCKER DES BURGENLANDS. DIE BEDRUCKTEN TÜCHER FÄRBEN SICH ERST BEIM TROCKNEN IN DER SONNE BLAU.

71

SÜDBURGENLAND, MON AMOUR

HAUS BEI HEILIGENBRUNN.

ES GIBT EINE SCHIER ENDLOSE ANZAHL VON GRÜNDEN, das Südburgenland zu lieben. Sie alle aufzulisten würde den Umfang dieses Liebesbekenntnisses sprengen. Zuallererst sind es die Menschen. Sie sind warmherzig, hilfsbereit, kulturinteressiert und sie öffnen – wenn sie einmal einen „Zuagroasten" anerkannt haben – nicht nur ihre Arme, sondern sie umschließen den Neuankömmling auch mit ihnen.

Ich habe mich oft nach der Ursache dieser geradezu sprichwörtlichen Hilfsbereitschaft gefragt und erkläre sie mir so: Die Südburgenländer sind ein Menschenschlag mit tief verwurzelter unverschuldeter Erfahrung als Außenseiter. Lange Zeit – bis 1921, dem Jahr des teilweisen Anschlusses an Österreich – in der unerfreulichen Situation als ungeschätzte deutschsprechende Minderheit im Westen Ungarns und letztlich auch heute noch als Arbeitsmigranten in Wien, Niederösterreich, der Steiermark, ja sogar in fernen deutschen Landen. Am Montag mit dem Flugzeug zum Arbeitsplatz in die BRD, und am Freitag wieder zurück in die geliebte Heimat – soweit es das Budget erlaubt. Manche fahren auch frühmorgens mit dem Bus nach Wien, um am Abend nach anstrengenden Arbeitsstunden todmüde wieder nach Oberwart, Güssing oder Jennersdorf zurückzukehren.

Eine solche Erfahrung schweißt zusammen und lässt erkennen, dass man sich gegenseitig unter die Arme greifen muss, will man die Hürden des Lebens meistern. Eine außerordentlich liebenswerte Charaktereigenschaft – in einer Großstadt nur schwer denkbar. Natürlich gibt es auch im Südburgenland – wie in jeder Gesellschaft – sehr vereinzelte Spaßbremsen. Aber diese reihen sich tatsächlich hinter die zehnte Null nach dem Komma und fallen wegen ihrer Eigentümlichkeit bestenfalls unangenehm auf, aber nicht ins Gewicht.

Die Südburgenländerin / der Südburgenländer ist an nahezu jeder Form von Kultur interessiert. Es war mir einmal vergönnt, eine Veranstaltung mit den künstlerisch aktiven Gruppen aus Güssing zusammenzustellen. Diese Veranstaltung begann um 18 Uhr und war um 23.30 Uhr noch nicht beendet. Und dabei waren es nur die wesentlichsten Künstlerinnen und Künstler, die damals im Güssinger Kulturzentrum auftraten.

Will heißen: Das Südburgenland verfügt nicht nur über passive Freunde der Kultur, sondern die Bewohner bringen sich auch in vielfacher Weise als aktive Kulturschaffende ein. Sei es zum Beispiel in Chören, in Orchestern oder auf der Schauspielbühne. Und da gibt es einige herausragende Talente, die auf jeder professionellen Bühne reüssieren würden.

Zwei weitere absolute Pluspunkte, die vehement für das Südburgenland sprechen: die Landschaft und die kulturelle Authentizität. Von der mittelburgenländischen Wespen-Taille bis zur steiermärkischen Landesgrenze erstreckt sich eine sanft hügelige Landschaft, die der Toskana meiner Einschätzung nach nicht unähnlich ist. Üppige Felder im Frühling und Sommer in den schönsten Farben und weit geschwungene Weinberge, die vom süffigen Blaufränkischen bis zum landestypischen Uhudler keine Wünsche offenlassen. Dass da und dort Kleinodien von Gasthäusern und versteckte Juwelen von Heurigen – zum Beispiel rund um Heiligenbrunn – zum Verweilen und Verkosten einladen, versteht sich von selbst.

Und weil wir schon einmal bei den Köstlichkeiten in den Wirtshäusern sind: Ich liebe die unverfälschte Originalität der Speisen, die man in einer bestimmten Gegend vorfindet! Eines scheint mir absolut sicher: Dass im Südburgenland einmal eine Currywurst mit Pommes angeboten wird, werde ich glücklicherweise nicht mehr erleben und sehr wahrscheinlich auch meine Enkel nicht. Durchaus jedoch einen wohlschmeckenden Sterz oder ein wunderbares Pörkölt – so nennt man das Gulyas auf Ungarisch. Die Menschen hier sprechen schließlich im Umgang miteinander durchaus nicht nur Deutsch, sondern auch Kroatisch, Ungarisch und Romanes, die Sprache der Roma, Sinti und Lovara.

Wer also die Ruhe liebt, aus der ja bekanntlich die Kraft erwächst, und seine Tage umgeben von der Liebenswürdigkeit seiner Nachbarschaft verbringen möchte, der wird das Südburgenland zu schätzen wissen. Dies in Verbindung mit der noch finanziellen Leistbarkeit von Grund und Immobilien wird auch Anlass für eine große Anzahl von namhaften Künstlerinnen und Künstlern aus nah und fern gewesen sein, sich im Südburgenland niederzulassen. Das „Künstlerdorf" St. Martin an der Raab steht symbolisch dafür. Auch der weltweit gefeierte Dirigent Giuseppe Sinopoli hatte einst seinen Ruhepol nicht in seiner italienischen Heimat, sondern in einem der südlichsten Winkel des Südburgenlands. Ebenso der Maler und Zeichner Walter Schmögner oder die Fotografin Elfie Semotan – um nur einige zu nennen. Und das spricht wohl eine unmissverständliche Sprache.

Ich halte es für einen lebensverlängernden Glücksfall und bin dankbar dafür, dass mich das Schicksal in diese wunderbare Gegend Österreichs geleitet hat.

Frank Hoffmann

IM SAUTROG WIRD DAS SCHWEIN ENTBORSTET: DAFÜR WIRD ES ERST MIT SAUWARZ EINGERIEBEN UND DANN MIT KETTEN IN HEISSEM WASSER BLANKGESCHEUERT.

SAUERGEMÜSE

Milchsäuregärung ist eine der ältesten Techniken,
Gemüse haltbar zu machen.

Das frische Gemüse wird fein geschnitten und gut eingesalzen, sodass sein Saft austritt und alles bedeckt. Innerhalb weniger Tage wird es dann ganz von selbst von Milchsäurebakterien besiedelt, die in der Umgebung leben. Diese sorgen dafür, dass sich keine anderen schädlichen Bakterien am Gemüse laben können.

Was sonst in wenigen Tagen oder Wochen verfaulen würde, bleibt nicht nur monatelang genießbar, es wird sogar noch schmackhafter und gesünder: Bei der Gärung entstehen neben Säure jede Menge köstliche Aromastoffe, und weil das Gemüse von Bakterien sozusagen vorgekaut wird, kann es der Menschen besser verdauen und die guten Inhaltsstoffe leichter aufnehmen. Bis zur Erfindung der Gefriertruhe und des beheizten Gewächshauses war das schlicht überlebensnotwendig – auch im Burgenland.

Das wichtigste Sauergemüse ist und war das Sauerkraut: Jede burgenländische Familie legte im Herbst ihr eigenes Kraut ein. Mit dem „Hachel" (Burgenländisch für Hobel) wurde es in dünne Streifen geschnitten. Es galt: je feiner, desto besser. Dann wurde es gut gesalzen und je nach Familie und Gegend gewürzt: Üblich waren etwa Kümmel und Pfeffer im Norden, Pfeffer, Neugewürz und Kren im Süden.

Das gewürzte Kraut wurde schichtweise in einen sauberen Holzzuber „ei'besselt" und gestampft, mitunter wie Weintrauben mit den Füßen. Dann wurde es mit einem weißen Tuch und einem Brett bedeckt, das wiederum mit zwei großen, glatten Steinen – „Krautstoana" – beschwert wurde. So war sichergestellt, dass das Kraut stets vom eigenen Saft bedeckt blieb.

Einmal vergoren, blieb es bis Ostern frisch – vorausgesetzt, die Pflege passte. Alle paar Wochen wurde das Tuch gut gewaschen, um zu verhindern, dass das Kraut „kahmig" wurde – also Kahmhefe, ein harmloser, aber übel schmeckender Schimmelpilz auf der Oberfläche wachsen konnte. Gegessen wurde es auf mannigfaltige Art und Weiße, in Strudeln oder „ei'brennt" zu Selchfleisch oder Sterz.

Ähnlich wie das Kraut wurde im Burgenland auch das zweite wichtige Gemüse des kleinen Mannes (und der kleinen Frau) konserviert: die Halm- oder Stoppelrüben (siehe S. 146). Sie wurden entweder wie Kraut gehobelt und milchsauer vergoren, oder es wurden die ganzen Rüben für mehrere Monate in Apfeltresterresten eingelegt. Eine spezielle burgenländische Spezialität waren die „Saure-Rüben-Fosn": Sauerteigreste vom Brotbacken wurden zu Fladen gerollt, mit Sauren Rüben belegt, dann wurden die Fladen zusammengeschlagen und im restwarmen Ofen gebacken.

Während Sauerkraut immer noch weitverbreitet ist, sind Saure Rüben ein wenig in Vergessenheit geraten. Hannes Steiger in Neudörfl stellt sie immer noch jedes Jahr her – der Heurige der Familie Steiger ist im ganzen Burgenland berühmt für die köstlichen Sauren Rüben.

HANNES STEIGER AUS NEUDÖRFL IST EINER DER LETZTEN, DIE NOCH IN GRÖSSEREM STIL SAURE RÜBEN EINLEGEN.

SAUERKRAUT, BRAUN GEBRATEN

nach Omas Rezept

Rezept für 4 Portionen

ZUTATEN

1 kg Sauerkraut
3 EL Zucker
Schweineschmalz
500 g Zwiebeln
200 g Schinkenspeck oder Geselchtes (optional)

ZUBEREITUNG

Das Sauerkraut gut ausdrücken, den Saft auffangen.

In einem Topf das Schweineschmalz erhitzen und die halbierten und danach in dünne Scheiben geschnittenen Zwiebeln darin anbraten. Den Zucker zugeben und goldbraun karamellisieren lassen (derweil nicht rühren!).

Das Sauerkraut zugeben und ebenfalls kräftig anbraten, bis es Farbe angenommen hat. Falls verwendet, den gewürfelten Schinkenspeck zugeben und mit dem zuvor aufgefangenen Sauerkrautsaft (evtl. mit etwas Wasser verdünnt) und/oder Weißwein ablöschen.

Das Sauerkraut ca. 40 bis 50 Minuten ohne Deckel schmoren. Zum Schluss mit Pfeffer und Salz abschmecken.

Dazu passen unter anderem ganz klassisch Knödel, Würste oder Kartoffelpüree.

KARAMELLISIERT UND GEGESSEN VON KATHARINA BAUER, OBERPULLENDORF.

79

WENN DER WIND WEHT, WÄHREND DER SEE FRIERT, GIBT ES NACHHER WAS ZU SEHEN.

80

KANONENSCHÜSSE UND BLAUE NETZE SCHÜTZEN DIE TRAUBEN IM HERBST VOR DEN STAREN, DIE SONST IN SCHWÄRMEN ÜBER SIE HERFALLEN WÜRDEN.

81

NEUSIEDLER MAJORAN

Kaum etwas prägt den Geschmack des Burgenlands so sehr wie der Majoran oder „Maigroun", wie er im Norden heißt.

Sein unverwechselbares, ein wenig mediterranes Aroma würzt alles von Brat-, Leber-, Blut- oder Presswürsten zu Suppen, geschmorten Hühnern oder Knödeln und Bohnen.

Das mag auch daran liegen, dass Neusiedl am See im Nordburgenland einst der einzige Ort in Österreich war, wo Majoran angebaut wurde. Hier, auf den sogenannten Salatgründen im feuchten, aber heißen Schwemmland des Neusiedler Sees, waren die Bedingungen für ihn ideal.

Majoran ist nämlich ein anspruchsvolles Kraut. Er will es ständig feucht haben, gleichzeitig aber reichlich von der Sonne beschienen werden, und weil er erst nach sechs bis acht Wochen zart keimt, braucht es viel Geduld und einen guten Rücken beim Unkrautjäten. Zu tief darf man ihn nicht säen, sonst schafft er es nicht aus der Erde, zu weit oben dürfen die Samen aber auch nicht liegen, sonst werden sie vom Wind verblasen oder von Vögeln gefressen.

Die Salatgründe verdanken ihren Namen der Tatsache, dass hier zuerst einmal der Salat, lange Zeit das erste Grün des Frühlings, für die Wiener Märkte gedieh. Der Majoran wurde im Frühling zwischen den Häupteln ausgesät und im August, wenn der Salat schon lange verschwunden war, geerntet – oder „g'rafft", wie das beim Majoran hieß. Danach wurde er gebündelt zum Trocknen aufgestellt, auf dem Boden ausgebreitet, mit den Füßen getreten („g'ribbelt") und schließlich gesiebt.

Der Großteil der Ernte wurde von fahrenden Händlern aus der Nachbargemeinde Parndorf aufgekauft. Diese zogen mit Säcken getrockneten Majorans durch die Dörfer und Wirtshäuser – bis in die Steiermark und hinauf nach Wien. Verkauft wurde der Neusiedler Majoran nicht nach Gewicht, sondern nach Hohlmaß: Der Händler (oder die Händlerin) schöpfte ihn einfach mit einem Häfen aus dem Sack.

Den Höhepunkt erlebte die Neusiedler Majoranproduktion in den 1950er-Jahren, später verschwand diese mühevolle Form der Landwirtschaft nach und nach. Als Johannes Pinterits in den frühen 2000er-Jahren begonnen hatte, sich für den Neusiedler Majoran zu interessieren, gab es nur noch eine Handvoll alter Bauern, die ihn kultivierten. Sie waren so begeistert, dass sich ein junger Mensch um den „Maigroun" bemühte, dass sie ihm Saatgut und das Wissen weitergaben.

Die Neusiedler Salatgründe sind mittlerweile längst verbaut. Pinterits' Majoran ist umgezogen und wächst heute – künstlich beregnet – in Deutsch Jahrndorf, im Dreiländereck Burgenland-Ungarn-Slowakei. An der vielen Handarbeit und am Geschmack aber hat sich nichts geändert.

HANNES PINTERITZ HAT DIE TRADITION DES MAJORANANBAUS IM BURGENLAND IN DEUTSCH JAHRNDORF WIEDERBELEBT.

BLUNZENGRÖSTL MIT MAJORAN

Rezept für viel Blunze und ein bisserl Gröstl

ZUTATEN

Für die Blunze
Fleischabschnitte, Schwarten, 5 Paar Lungen und 10,5 Köpfe
(ohne Goderl) vom Schwein, insgesamt etwa 27 kg
(Zusammensetzung etwa 40 Prozent Fleisch, 20 Prozent Fett
und Schwarten)
5 kg Zwiebeln
290 g Knoblauch
1 kg Meersalz
195 g Pfeffer schwarz, gemahlen
73 g Majoran
6 kg Semmelwürfel
12 l Blut

Für das Blunzengröstl
1 kg Erdäpfel
Schmalz
2 Zwiebeln, fein gehackt
500 g Blunze (oder nach Geschmack, im Verhältnis zwischen
1:2 und 1:1 mit den Kartoffeln)
Salz, Majoran

ZUBEREITUNG

Blunze: Fleisch, Schwarten, Kopf und Lunge etwa 3 Stunden
weichkochen. Kochwasser aufheben. Auskühlen lassen, Fleisch,
Haut und Fett von den Schädeln pflücken und die Röhren und
Adern der Lungen entfernen. Zusammen mit 2,5 kg der Semmeln faschieren.

Die restlichen 3,5 kg Semmelwürfel mit etwa 1 l Kochwasser
einweichen, gerade so, dass sie etwas weich werden – das sorgt
dafür, dass sie sich später nicht mit Blut vollsaugen und die
Blunze die charakteristischen weißen Semmeltupfen bekommt.
Gewürze und Blut zur Fleischmasse geben und ordentlich
durchmischen. Schließlich die eingeweichten Semmeln ebenfalls einarbeiten. Die Masse etwas stehen lassen, damit alles
durchziehen kann, etwa eine Stunde.

Mit einer Wurstspritze in die passenden Därme füllen.
Bei 75 Grad im Fleischkochwasser eine Stunde ziehen lassen.
Kalt abschrecken (damit sie sich später besser schälen lassen)
und entweder gleich warm oder später kalt genießen.

Blunzengröstl: Kartoffel kochen, abkühlen, schälen, in Scheiben schneiden.

Schmalz erhitzen und Zwiebeln darin anrösten. Mit einem
Schaumlöffel herausheben und zur Seite stellen.

Im gleichen Schmalz die Erdäpfel braten, bis sie auf beiden
Seiten knusprig sind. Die Blunze enthäuten und in etwa 1 cm
große Würfel schneiden. Kurz mit den Erdäpfeln mitrösten.

Je nach Geschmack mit Salz und mehr Majoran würzen.

GEFÜLLT, GEKOCHT UND GEGESSEN VON IVAN KRIZMANICH, KROATISCH MINIHOF.

85

DER NEUSIEDLER SEE IST NICHT DER EINZIGE SEE IM NÖRDLICHEN BURGENLAND: AUCH DER ZICKSEE KANN SPEKTAKULÄR AUSSEHEN.

ZUCKER

Das Burgenland ist berühmt für seine vielen Süßspeisen, für die Kekse, Schnitten und Krapfen, und doch war Zucker für die allermeisten Burgenländer über lange Zeit Mangelware.

Das Burgenland ist berühmt für seine vielen Süßspeisen, für die Kekse, Schnitten und Krapfen, und doch war Zucker für die allermeisten Burgenländer über lange Zeit Mangelware. Zucker konnte im Gegensatz zu den meisten anderen Lebensmitteln nicht selbst hergestellt werden, sondern musste gekauft werden – und Bargeld hatten die meisten Bauernfamilien kaum.

Gesüßt wurde daher jahrhundertelang sehr sparsam und wenn, dann eher mit Honig oder Powidl. Vor allem der Powidl war sehr beliebt, weil er aus nichts weniger als Zwetschken hergestellt wird, die wiederum in jedem Hausgarten wuchsen. Die Früchte wurden über viele, viele Stunden und unter ständigem Rühren zu einem dicken, süßen Mus eingekocht – eine aufwendige und ermüdende Arbeit.

Süßspeisen waren dementsprechend stets nur für ganz besondere Fest- und Feiertage reserviert: Vor Hochzeiten kamen etwa alle Frauen eines Dorfs zusammen und buken gemeinsam über mehrere Tage die berühmten burgenländischen Hochzeitsbäckereien. Jede Familie trug etwas dazu bei: Die einen brachten Mehl, die anderen Butter oder Eier.

Der Zuckermangel änderte sich auch nicht, als 1850 in Hirm im heutigen Mittelburgenland die erste Rübenzuckerfabrik der Monarchie eröffnet wurde, gegründet von ehemaligen Mitarbeitern der Rohrzuckerfabrik Wiener Neustadt.

Sie waren zuvor von ihrem Chef entlassen worden, nachdem sie ihm vorgeschlagen hatten, auf den modernen, viel billigeren Rübenzucker umzusteigen. Daraufhin machten sie sich kurzerhand selbstständig – und schrieben Zuckergeschichte.

Sie wählten Hirm als Standort, weil es im Gegensatz zum nahen Wiener Neustadt jenseits der ungarischen Grenze lag und die Löhne dort deutlich niedriger waren. Die Felder zum Anbau der Zuckerrüben pachteten sie von der Familie Esterházy. Das Geschäft lief so gut, dass wenige Jahre später eine zweite Fabrik im nahen Siegendorf eröffnet wurde.

Mit dem Aufstieg des Rübenzuckers hat ganz langsam der Preisverfall des einstigen Luxusguts Zucker begonnen – bis sich ab Mitte des 20. Jahrhunderts auch burgenländische Bauern so viel Zucker leisten konnten, wie sie wollten. An der Tradition und Wertschätzung der Hochzeitsbäckerei hat das natürlich nichts geändert.

Während die Hirmer Zuckerfabrik bereits 1942 geschlossen wurde, wurde in Siegendorf bis 1990 burgenländischer Zucker produziert. Heute noch sind Reste der imposanten Anlage zu sehen. Markus Fröch baut seit vielen Jahrzehnten schon ganz in der Nähe bis heute Zuckerrüben an. Er kann sich noch gut an diesen ganz speziellen süßlichen Geruch erinnern, der die Fabrik im Herbst nach der Rübenanlieferung umwehte.

MARKUS FRÖCH INSPIZIERT EINE NOCH UNREIFE ZUCKERRÜBE AUF SEINEN FELDERN BEI SIEGENDORF.

89

VANILLEKIPFERL Rezept für 40 Stück

ZUTATEN

28 dag glattes Mehl
21 dag Butter
12 dag Staubzucker
11 dag Walnüsse
2 Dotter
Vanillezucker

ZUBEREITUNG

Butter mit Mehl abbröseln (mit den Handflächen Butter und Mehl so miteinander verreiben, dass sich kleine Brösel bilden). Restliche Zutaten beigeben und rasch zu einem Teig verarbeiten. 30 Minuten an einem kühlen Ort rasten lassen. Danach gleichmäßige Kipferl formen und bei ca. 180 °C 8—10 Minuten goldbraun backen. Im heißen Zustand im Staubzucker-Vanillezucker-Gemisch wälzen.

LINZER KEKSE Rezept für 35 Stück

ZUTATEN

10 dag Staubzucker
20 dag Butter
30 dag glattes Mehl
1 Dotter

ZUBEREITUNG

Butter mit Mehl abbröseln. Restliche Zutaten beigeben und rasch zu einem glatten Teig verarbeiten. 30 Minuten an einem kühlen Ort rasten lassen. Danach auf gewünschte Stärke ausrollen und mit einer runden Ausstechform ausstechen. Bitte achten Sie darauf, dass die Hälfte der ausgestochenen Kekse mit drei Löchern versehen werden soll.
Ausgestochene Kekse bei ca. 180 °C 8—10 Minuten goldbraun backen.
Die Kekse mit drei Löchern mit Staubzucker bestreuen und dann nach Belieben mit Marillenmarmelade füllen und mit dem Boden zusammenpicken.

HASELNUSSTÖRTCHEN Rezept für 30 Stück

ZUTATEN

10 dag Butter
15 dag glattes Mehl
7,5 dag Staubzucker
7,5 dag Nüsse
1 Dotter
Dunkle Schokoladenglasur

Für die Füllung
20 dag Haselnüsse
12 dag Staubzucker
3 dag Butter
1/8 l Haltbarmilch
Rum nach Geschmack

ZUBEREITUNG

Butter mit Mehl abbröseln. Restliche Zutaten beigeben und rasch zu einem glatten Teig verarbeiten. 30 Minuten an einem kühlen Ort rasten lassen. Danach auf gewünschte Stärke ausrollen und mit einer runden Ausstechform ohne Zacken (ca. 1,5 cm Durchmesser) ausstechen. Ausgestochene Kekse bei ca. 180 °C 8—10 Minuten goldbraun backen.

Währenddessen wird die Fülle zubereitet: Milch erhitzen und Butter darin zerlaufen lassen. Danach Staubzucker, Haselnüsse und Rum nach Belieben zusammenmischen, das Milch-Butter-Gemisch im heißen Zustand darübergießen und alles miteinander vermengen.

Kekse und Fülle auskühlen lassen und danach zusammensetzen. Zum Schluss werden die gefüllten Kekse mit dunkler Schokoladenglasur überzogen und nach Belieben mit heller Glasur verziert.

VANILLEKRANZERL Rezept für 30 Stück

ZUTATEN

25 dag Butter
25 dag Staubzucker
2 Pkg. Vanillezucker
40 dag glattes Mehl
2 Dotter
1 Ei

Für die Füllung
1 Dotter mit etwas Wasser vermischt
Gehackte oder geriebene Walnüsse

ZUBEREITUNG

Butter mit Mehl abbröseln. Restliche Zutaten beigeben und rasch zu einem glatten Teig verarbeiten. 30 Minuten an einem kühlen Ort rasten lassen. Danach auf gewünschte Stärke ausrollen und mit einer runden Ausstechform ausstechen. Bitte achten Sie darauf, dass die Hälfte der ausgestochenen Kekse mit einem Loch versehen werden soll.
Vor dem Backen die ausgestochenen Kekse mit einem Loch mit Dotter-Wasser-Gemisch bestreichen und mit gehackten oder

geriebenen Walnüssen bestreuen. Danach alle ausgestochenen Kekse bei ca. 180 °C 8—10 Minuten goldbraun backen.
Nach dem Auskühlen mit Marillenmarmelade zusammensetzen.

PIMSKEKSE Rezept für 30 Stück

ZUTATEN

20 dag Butter
18 dag Staubzucker
12 dag Haselnüsse
1 Ei
40 dag glattes Mehl
Kirschmarmelade
Glasur aus dunkler Schokolade

ZUBEREITUNG

Butter mit Mehl abbröseln. Restliche Zutaten beigeben und rasch zu einem glatten Teig verarbeiten. 30 Minuten an einem kühlen Ort rasten lassen. Danach etwas dicker ausrollen und mit einer runden Ausstechform ausstechen.
Ausgestochene Kekse bei ca. 180 °C 8—10 Minuten goldbraun backen.
Ausgekühlte Keksboden mit Kirschmarmelade bestreichen und mit dunkler Schokolade glasieren.
Nach Belieben kann man mit heller Schokoladenglasur dünne Streifen als Dekor darüberspritzen.

ZEITSBÄCKEREIEN

TATZE – SPRITZGEBÄCK Rezept für 25—30 Stück

ZUTATEN

25 dag Butter
20 dag Staubzucker
1 Pkg. Vanillezucker
2 mittelgroße Eier
25 dag glattes Mehl
10 dag Walnüsse
Nutella
Glasur aus heller Schokolade

ZUBEREITUNG

Butter, Staubzucker und Vanillezucker schaumig rühren.
Danach restliche Zutaten beigeben und rasch zu einem glatten
Teig verrühren. Achtung – nicht zu lange rühren. Mit einem
Dressiersack und der Sterntülle gleichmäßige Stangen dressieren.
Diese bei 180 °C ca. 8—10 Minuten backen und danach aus-
kühlen lassen.
Die ausgekühlten Stangerl mit Nutella füllen und zusammen-
fügen. Danach eine Spitze in helle Schokoladenglasur tunken.

NUTELLAPLÄTZCHEN Rezept für 25 Stück

ZUTATEN

20 dag Butter
18 dag Staubzucker
42 dag glattes Mehl
2 Eier
3 Rippen Schokolade, gerieben
Saft einer 1/2 Zitrone
10 dag Haselnüsse

1 Pkg. Backpulver
1 Pkg. Vanillezucker
Nutella
Glasur aus heller Schokolade

ZUBEREITUNG

Butter mit Mehl abbröseln. Restliche Zutaten beigeben und
rasch zu einem glatten Teig verarbeiten. 30 Minuten an einem
kühlen Ort rasten lassen. Danach nach dünn ausrollen und mit
einer Ausstechform ähnlich wie Tropfen ausstechen.
Ausgestochene Kekse bei ca. 180 °C 8—10 Minuten goldbraun
backen.
Je zwei ausgekühlte Kekse mit Nutella zusammensetzen und die
Hälfte in helle Schokoladeglasur tunken.

KAFFEEECKERL Rezept für 25 Stück

ZUTATEN

28 dag Butter
28 dag glattes Mehl
14 dag Staubzucker
14 dag Walnüsse
1 TL Instantkaffee

Für die Füllung
20 dag Butter
10 dag Staubzucker
1 Pkg. Vanillezucker
Etwas starken schwarzen Kaffee
1 Dotter
Glasur aus dunkler Schokolade
1 Dotter
Dunkle Schokoladenglasur

GEBACKEN UND TEILWEISE GEGESSEN VON BERNADETTE LANG, PURBACH, EINST KÖCHIN IN DER EINST BERÜHMTEN NIKOLAUSZECHE.

93

VANILLEKRANZERL

HASELNUSSTÖRTCHEN

HASELNUSSBÄCKEREI:
SCHON GEGESSEN

LINZER KEKS

TATZE

VANILLEKIPFERL

KAFFEEECKERL

PIMPSKEKS

NUTELLAPLÄTZCHEN

COGNACRING

ZUBEREITUNG

Butter mit Mehl abbröseln. Restliche Zutaten beigeben und rasch zu einem glatten Teig verarbeiten. 30 Minuten an einem kühlen Ort rasten lassen. Danach 2,5 mm dünn ausrollen und mit einer dreieckigen Ausstechform ausstechen.
Ausgestochene Kekse bei ca. 180 °C 8—10 Minuten goldbraun backen und auskühlen lassen.
Währenddessen Butter mit Staubzucker und Vanillezucker für die Fülle schaumig rühren. Danach Dotter beigeben und weiterrühren. Während des Rührens tröpfchenweise den schwarzen Kaffee nach Belieben beimengen.
Ausgekühlte Kekse mit der Creme zusammensetzen und die Ecken in dunkle Schokoladeglasur tunken.

COGNACRINGE Rezept für 40 Stück

ZUTATEN

20 dag glattes Mehl
18 dag Butter
1 Kaffeelöffel Backpulver
7 dag Staubzucker
1 Pkg. Vanillezucker
13 dag Walnüsse
1 Dotter
2 EL Cognac

ZUBEREITUNG

Butter mit Mehl abbröseln. Restliche Zutaten beigeben und rasch zu einem glatten Teig verarbeiten. 30 Minuten an einem kühlen Ort rasten lassen. Danach dünn ausrollen und mit einer runden Ausstechform ausstechen.

In die Hälfte der Scheiben ein Loch stechen, mit Cognac bestreichen und mit Kristallzucker bestreuen.
Ausgestochene Kekse bei ca. 180 °C 8—10 Minuten goldbraun backen und auskühlen lassen.
Danach mit Ribiselmarmelade zusammensetzen.

HASELNUSSBÄCKEREI Rezept für 40 Stück

ZUTATEN:

35 dag glattes Mehl
28 dag Staubzucker
20 dag Haselnüsse
2 Eier
28 dag Butter

ZUBEREITUNG

Butter mit Mehl abbröseln. Restliche Zutaten beigeben und rasch zu einem glatten Teig verarbeiten. 30 Minuten an einem kühlen Ort rasten lassen. Danach dünn ausrollen und mit beliebiger Ausstechform ausstechen.
Ausgestochene Kekse bei ca. 180 °C 8—10 Minuten goldbraun backen und auskühlen lassen.
Danach nach Belieben mit verschiedenen Marmeladen bestreichen und zusammensetzen.
Bei der Verzierung der Kekse sind Ihrer Kreativität keine Grenzen gesetzt.

STORCH IN RUST.

UHUDLERLIEBE

EIN GUTER PLATZ ZUM UHUDLERTRINKEN.

MEINE LIEBE BEGINNT BEIM GERUCH. Bei dieser unglaublich frisch-fruchtigen Note. Bei dem Geschmack nach Walderdbeeren, nach Himbeeren, Johannisbeeren, Ribiseln. Wie ein Beeren-Fruchtsalat, leicht sauer im Nachgeschmack, aber nicht unangenehm, sondern etwas herb, um alles abzurunden. Ein köstliches Dessert, nach dem man sich auf einer Bank auf einer Wiese zurücklehnt und einfach ein bisschen in die Gegend schaut. „Keine Termine und leicht einen sitzen", wie Harald Juhnkes Definition von Glück lautete, und zutreffender wird es nicht mehr.

Wenn ich Uhudler trinke – und ich bevorzuge die spritzige Frizzante-Variante –, dann bin ich in dem Moment auf einer sonnenbeschienenen Wiese, vor mir Weinberge, sanfte Hügel, vereinzelt Kellerstöckel und Obstbäume, in der Luft nur ein bisschen Insektengebrumme und weit weg eine Motorsäge beim Baumschlagen im Wald. Gemeinhin hält man das Burgenland für flach, und das trifft auf den Norden auch sicherlich zu, auf den Süden aber gar nicht. Hier ist es sogar ziemlich hügelig, und von manchen Erderhebungen sieht man bis weit nach Ungarn hinein.

Die Heimat des Uhudlers ist auch meine Heimat. Ich komme aus einem der fünf Ortsteile der Gemeinde Heiligenbrunn, dem Ursprungsanbaugebiet des Uhudlers. Den gibt es dort überall, egal ob im Supermarkt oder in der Buschenschank. Uhudler gibt es zum Essen, gespritzt mit Wasser zum Erfrischen bei der Feldarbeit, in edler Frizzante-Variante zum Schulabschluss oder als Aperitif zur Hochzeit. Einige Jahre lang verboten und als Haustrunk verpönt, startet der Uhudler gerade neu durch. Erst seit kurzem dürfen wieder neue Reben gepflanzt werden, und immer mehr Weinbauern und -trinker kommen auf den Geschmack. Gerade jüngere Winzer sorgen für ein Revival.

Es gibt nur einen Haken beim Uhudler, und das ist ein ungeschriebenes Gesetz: Zwei Gläser sind genug. Das sei jedem gesagt, denn ein Uhudler-Rausch ist das Schlimmste. Das Getränk trägt sogar deshalb seinen Namen – angeblich haben die Frauen ihre Männer „Uhu" genannt, wegen deren verschatteten Augen nach zu viel Uhudler-Konsum. Zu viel Uhudler mache blind, heißt es, und da ist es Glück im Unglück, dass es in Heiligenbrunn auch gleich die passende Heilquelle gibt. Das Wasser der Ulrichsquelle soll verschiedene Heilwirkungen haben, unter anderem gesundet es Augenleiden. So geht die Sage. Man trinkt viel, sehr viel Uhudler in der Buschenschank, droht zu erblinden, geht zur Quelle, trinkt Heilwasser, ist wieder bei klarem Auge und kann gestärkt zurück zum Uhudler.
Zum Wohl!

Saskia Jungnikl

ZACKELSCHAFE IM NEBEL. DIE ALTE RASSE WURDE TRADITIONELL IN DER PUSZTA GEHALTEN, WEIL SIE AN DAS LEBEN HIER BESONDERS GUT ANGEPASST IST.

SCHAF

Dass wir heute so viele Köstlichkeiten aus dem Nordburgenland kennen, ist auch ein Verdienst der Schafe.

Als nach den napoleonischen Kriegen die Nachfrage nach Wolle stark gestiegen war, legten sich die Großgrundbesitzer im heutigen nördlichen Burgenland große Schafherden zu. Die Tiere halfen ihnen, gleich zwei Fliegen mit einer Klappe zu schlagen: Sie machten es möglich, aus der Puszta Kapital zu schlagen, und düngten dabei gleichzeitig den Boden. Mit den Jahren wurden so aus den mageren Wiesen brauchbare Felder.

Die Großgrundbesitzer gingen dabei äußerst gründlich und überlegt vor, besonders Albert Kasimir, Besitzer riesiger Ländereien in Ungarisch Altenburg und besser bekannt als Gründer der Wiener Albertina. Sein Gutsverwalter Anton von Wittmann gründete ein eigenes College, um ebendort studieren zu können, wie die Weidewirtschaft dem Ackerbau helfen konnte und welche Schafe sich für das Leben in der Puszta am besten eigneten (es war das spanische Marino).

Rezepte für Schaffleisch sind im Burgenland zwar kaum überliefert (obwohl es schwer vorstellbar ist, dass alte Tiere oder überzählige Lämmer nicht geschlachtet und verkocht wurden), aus ihrer Milch wurde aber zumindest in manchen Orten Käse gemacht: So genoss der Brimsen aus Potzneusiedl einen hervorragenden Ruf – jener gereifte Schaffrischkäse, der für den echten Liptauer unerlässlich ist.

Die Schafherden verschwanden erst, als die Eisenbahnverbindung Wien—Budapest in den 1850er-Jahren fertiggestellt worden war. Die Bahn machte es auf einmal möglich, frische Milch aus dem nördlichen Burgenland in die Metropole Wien zu bringen, die zu jener Zeit ein explosionsartiges Bevölkerungswachstum erlebte. Die Großgrundbesitzer stiegen von der Wolle auf die viel lukrativere Milchwirtschaft um. Das Schaf – und seine Haltung – galt fortan nur noch als „Kuh des kleinen Mannes" und Symbol der Armut.

Heute, mehr als hundert Jahre später, sind die Schafe in die Puszta zurückgekehrt: Die Familie Hautzinger hält in Tadten über 600 Schafe, aus deren Milch sie Käse und Topfen macht und deren Fleisch zu Würsten wird; einige Bauern wie Michael Andert halten wieder ungarische Zackelschafe, jene Rasse, die schon vor Wittmanns Experimenten hier lebte und besonders gut an die Bedingungen angepasst ist; und engagierte Weinbauern wie die Triebaumers aus Rust setzen Schafe im Weingarten ein – sie sollen beim Grünschnitt mithelfen.

WOLFGANG HAUTZINGER HAT DAFÜR GESORGT, DASS DIE SCHAFE NACH TADTEN ZURÜCKGEKEHRT SIND.

103

FOSN MIT SCHAFSTOPFEN

und Kräutern

Rezept für 10 Fosn

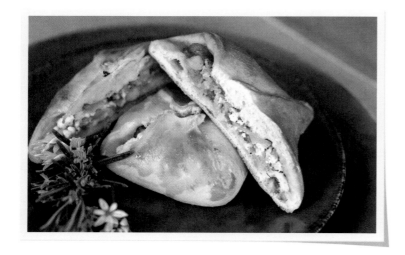

Fosn, schreibt M. F. Bothar 1953 in seinem Aufsatz „Von den Speisen der Hienzen", gehörten zu den ältesten Speisen der deutschsprachigen Burgenländer. Ursprünglich sollen sie nach dem Brotbacken aus den Resten des Brotteigs gemacht worden sein, damit wären sie die Vorfahren des Feuerflecks. Sie werden immer noch gern gegessen, wenn sie auch mit ihrem flaumigen Teig heute eher an Golatschen erinnern.

ZUBEREITUNG

Füllung: Zwiebel in Schmalz glasig werden lassen. Mit dem Bröseltopfen und Rahm vermengen, mit Salz und Pfeffer abschmecken. Kräuter und Topfenmasse miteinander vermischen.

Teig: Mehl in eine Rührschüssel geben, 2 Esslöffel davon in einem hohen Gefäß mit Milch, Zucker und Germ vermengen, in warmes Wasser stellen und gehen lassen. Nachdem das Dampfl die doppelte Größe erreicht hat, dieses mit der zerlassenen Butter, den Eiern und dem Salz zum Mehl in der Rührschüssel hinzufügen und gut verrühren. Danach die Schüssel mit einem Tuch abdecken und in warmes Wasser stellen, den Teig gehen lassen. Nachdem der Teig aufgegangen ist, noch einmal durchrühren und ein zweites Mal gehen lassen. Den Teig dünn ausrollen und in Quadrate von etwa 20 cm Seitenlänge schneiden. Diese mit der Füllung belegen. Von links einschlagen, von rechts einschlagen, ebenso von unten und von oben. Auf einem mit Backpapier ausgelegten Backblech in den auf 180 Grad vorgeheizten Backofen schieben und zirka 35 bis 45 Minuten backen.

ZUTATEN

Für die Füllung
1 kg Bröseltopfen
250 ml Rahm
2 Zwiebeln, fein gehackt
Schmalz
3 Handvoll frische Kräuter (Petersil, Schnittlauch, Majoran, Liebstöckel ...), fein gehackt
Salz, Pfeffer

Für den Germteig
500 g glattes Mehl
80 g Butter
1/4 l lauwarme Milch
2 Eier
1 Pk. Germ
1 gestrichener EL Zucker, 1 TL Salz

GEBACKEN UND GEGESSEN VON MARIA BAUER, OBERPULLENDORF.

105

IRGENDWO IM NIRGENDWO.

106

EINST EIN WALL GEGEN DIE TÜRKEN, HEUTE EIN PLÄTZCHEN IN DER SONNE (IN PURBACH).

107

GRAUES STEPPENRIND

Das Graurind stammt ursprünglich aus Ostungarn,
aus den Weiten der Hortobágy-Puszta.

Riesige Herden – pro Jahr rund 200.000 Tiere, schätzen Historiker – wurden von dort zwischen dem 14. und 19. Jahrhundert alljährlich über den sogenannten Oxenweg aus der ungarischen Steppe nach Süddeutschland getrieben. Dort sollten sie den Fleischhunger in den aufstrebenden deutschen Städten stillen. Die Vorfahren jener Graurinder, die heute im Nationalpark Seewinkel grasen, ernährten einst gute Teile Europas.

Wien war dabei der erste große Umschlagplatz: Auf dem Ochsenmarkt in der Nähe des heutigen Stadtparks wurden die Tiere zum Verkauf feilgeboten, was wohl mit ein Grund dafür ist, dass Rindfleisch in der Wiener Küche stets eine so wichtige Rolle spielte. Der Seewinkel war für die Tiere dabei eine Art letzte Raststation: Dort durften sie sich auf den endlosen Weiden vor dem Markt und dem restlichen langen Weg noch einmal richtig satt fressen. Das half nicht nur den Tieren, sondern erhielt auch die Landschaft. Denn das Grasen verhinderte die Verbuschung oder Verwaldung der Steppe. Die typischen Ziehbrunnen, die heute noch im Seewinkel zu bewundern sind, dienten den Tieren als Tränken.

Das Graurind ist eine Mehrnutzungsrasse: Es gibt Milch, liefert Fleisch und ist äußerst kräftig, das macht es zu einem guten Pflugzieher. Das geschmacksintensive Fleisch der Tiere galt in Wien und Süddeutschland als Delikatesse. Im Vergleich zu modernen Fleischrindern waren und sind Graurinder allerdings sehr mager – zum Grillen oder für Steaks eignet sich ihre Muskelmasse kaum. Das Fleisch wird daher traditionell gekocht oder für Schmorgerichte verwendet, etwa für das legendäre ungarische Gulasch oder Pörkölt.

Ende des 19. Jahrhunderts ging die Bedeutung des Ochsentriebs aus der Puszta langsam zurück, bis er nach dem Zweiten Weltkrieg endgültig zum Erliegen kam. Die Graurinder verschwanden fast vollständig aus dem Burgenland. Erst in den vergangenen Jahrzehnten sind sie dank der Bemühungen und Züchtungen des Tiergartens Schönbrunn und des Nationalparks Seewinkel wieder zurückgekehrt. Heute helfen sie wieder mit, die alte Kulturlandschaft zu erhalten.

Weil die Tiere halb wild im Nationalpark leben, werden sie nicht auf einem Schlachthof geschlachtet, sondern völlig stressfrei auf der Weide geschossen. Das Fleisch der Rinder wird exklusiv von der Fleischerei Karlo in Illmitz vertrieben.

MARTIN KARLO JUN. VERKAUFT DAS FLEISCH DER STEPPENRINDER EXKLUSIV IN SEINER FLEISCHEREI KARLO IN ILLMITZ.

109

UNGARISCHES KESSELGULASCH

Rezept für eine große Erntehelfertruppe

ZUTATEN

10 kg Wade vom Graurind

5 kg Zwiebeln

1 kg Schweineschmalz

5 Paradeiser

3 rote Paprika

30 dag Paprikapulver süß – 1a-Qualität

15 Zehen Knoblauch

Kümmel gemahlen

Salz, schwarzer Pfeffer gemahlen

Suppe

1 Flasche Rotwein

ZUBEREITUNG

Die Zwiebeln schneiden und im Schmalz braun rösten, währenddessen das Fleisch parieren und in ca. 2 mal 3 cm große Stücke schneiden. Die Paradeiser, den Paprika und den Knoblauch fein hacken.

Wenn die Zwiebeln braun sind, das Fleisch dazugeben, weiterrösten, 2/3 vom gemahlenen Paprika dazugeben und durchrösten, mit Salz, Pfeffer und Kümmel würzen. Wenn sich der Fleischsaft bildet, mit Suppe aufgießen, bis das Fleisch gerade noch bedeckt ist. Gehackten Knoblauch, Paprika und Paradeiser einrühren.

Nun unter ständigem Rühren (ca. 2 Stunden) köcheln lassen, eventuell mit gemahlenem Paprika nachwürzen.

Zum Finalisieren einen halben Liter Rotwein zugießen und eine weitere halbe Stunde köcheln lassen.

Dazu wird Brot serviert und Rotwein gereicht.

GEKOCHT UND GEGESSEN VON IMRE FISCHER, PAMHAGEN.

111

WEINTRAUBEN

Das Burgenland und der Wein haben eine ziemlich lange gemeinsame Geschichte – manche meinen, sie dauert schon fast 3000 Jahre.

Archäologische Funde (Weintraubenkerne in Gräbern) legen nahe, dass es hier bereits um 800 vor Christus, zur Zeit der Kelten, Wein gegeben hat. Spätestens die Römer pflanzten ihn im großen Stil an – in Winden etwa wurde eine Steinpresse aus dem ersten oder zweiten Jahrhundert gefunden. Karl der Große schließlich unterschied die verschiedenen Rebsorten in gute (die fränkischen) und schlechte (die hunnischen), woher sich der heute bekannte Name „Blaufränkisch" ableitet.

Seit 1526 werden am Neusiedler See Botrytis-Weine gemacht, seit 1617 Ausbruchweine (beides Süßweine), die heute zu den besten der Welt gehören. Später kamen noch Spezialitäten dazu wie der Eiswein (geerntet bei mindestens minus acht Grad, sodass beim Pressen nur der Zucker aus den Trauben rinnt, nicht aber das gefrorene Wasser) oder der Schilfwein (aus Trauben, die auf Schilfmatten trocknen dürfen).

Viele von Österreichs bekanntesten und international erfolgreichsten Winzern stammen heute aus dem Burgenland. Lange aber war die Gegend hauptsächlich Traubenlieferant für andere: Zwar kelterte jeder Weingartenbesitzer Wein für den Eigenbedarf, der Großteil der Trauben wurde aber nach Niederösterreich und in die Steiermark verkauft. Wenn der Wein im Burgenland gekeltert wurde, wurde er meist anschließend in großen Gebinden an Händler verkauft. Erst ab den 1960er-Jahren (in Rust etwas früher) begannen die burgenländischen Winzer vermehrt, selbst Flaschen abzufüllen.

Auch sortenrein bepflanzte Weingärten sind eine relativ neue Erscheinung: Bis weit ins 20. Jahrhundert war es üblich, einen Weingarten gemischt zu bepflanzen – damit war sichergestellt, dass sich unabhängig vom Wetter jedes Jahr zumindest einige Sorten wohlfühlten. Zwischen den Stöcken standen auch stets einige Tafeltrauben – „Gutedel" war die beliebteste Sorte, die wie das meiste burgenländische Obst auf dem Wiener Naschmarkt verkauft wurde. Kenner bevorzugten allerdings auch zum Essen den Grünen Veltliner.

Einige Trauben wurden stets für den Eigenbedarf aufgehoben: Je zwei (ein „Parl") wurden zusammengebunden und über einem Stock an einem luftig-kühlen Ort aufgehängt. So trockneten sie langsam, hielten bis Weihnachten und galten als Delikatesse. Frisch verkocht wurden sie hingegen kaum – mit einer Ausnahme: im berühmten, burgenländischen „Weinbastrudel".

MAX OPPITZ KELTERT IN ILLMITZ „SCHILFWEIN" AUS TRAUBEN, DIE AUF SCHILFMATTEN TROCKNEN DURFTEN, UM DEN SAFT UND DEN ZUCKER ZU KONZENTRIEREN.

WEINBASTRUDEL

Weintraubenstrudel

Gezogener Strudelteig. Rezept für zwei Strudel

ZUTATEN

400 g Mehl
1 TL Salz
2 verquirlte Eier, mittelgroß
1/8 l warmes Wasser
1/16 l Öl oder 50 g geschmolzene Butter
Öl zum Bestreichen, Mehl zum Ausrollen

Für die Brösel
120 g Butter
160 g Brösel
160 g gemahlene Wal- oder Haselnüsse
120 g Kristallzucker

Für die Füllung
Ca. 1 kg Weintrauben
Zimt
Ca. 50 g geschmolzene Butter zum Bestreichen

ZUBEREITUNG

Alle Zutaten für den Strudelteig mit dem Mixer verrühren. Wenn sich alles verbunden hat, den Teig auf die Arbeitsfläche geben und mit der Hand weiterkneten. Nach und nach mit etwas Mehl bestreuen und weiterkneten, bis der Teig nicht mehr klebrig ist. Achtung: Der Teig soll nicht zu fest werden. Mindestens 5 Minuten weiterkneten.

Zu einer glatten Teigkugel formen und in eine Schüssel oder auf einen Teller geben. Die Oberfläche mit 1 TL Öl bestreichen, die Schüssel abdecken und den Teig 2 Stunden an einem warmen Ort rasten lassen.

In der Zwischenzeit für die Brösel die Butter in einer Pfanne schmelzen. Brösel, Nüsse und Zucker dazugeben und langsam rösten, bis alles eine schöne hellbraune Farbe bekommt. Weintrauben von Stielen entfernen und waschen.

Nach der Rastzeit die Hälfte des Teiges auf ein bemehltes Leintuch legen. Mit dem Teigroller flach zu einem Rechteck ausrollen. Ist der Teig so dünn wie möglich ausgerollt, geht es mit den Händen weiter. Man schiebt die Hände unter den Teig und dehnt ihn in die Länge und Breite, bis der Teig durchsichtig ist. Die feine Teigschicht vorsichtig mit der zerlassenen Butter bestreichen. Dann verteilt man die Hälfte der Brösel und der Weintrauben auf der kürzeren Seite des Rechtecks, etwa 15 cm vom Rand entfernt. Nach Wunsch mit Zimt bestreuen. Mithilfe des Leintuchs Rand über die Füllung schlagen. Dann rechts und links die Ränder einschlagen, damit die Füllung nicht entkommt, und den Strudel mit etwas Schwung immer weiter einrollen. Mit dem zweiten Strudel ebenso verfahren. Die Strudel vorsichtig auf ein eingefettetes Blech legen und mit geschmolzener Butter bestreichen. Im Ofen bei Unter- und Oberhitze von 180 °C backen, bis sie die gewünschte Farbe haben. Vor dem Servieren mit Staubzucker bestreuen und sodann genießen.

GEBACKEN UND GEGESSEN VON VON WINZERIN LISA LEHRNER, HORITSCHON.

117

MARKUS BACH ERNTET DIE SORTE BLAUFRÄNKISCH AM EISENBERG FÜR DAS WEINGUT GROSZER WEIN.

118

FÜR EISWEIN DÜRFEN DIE TRAUBEN BEI HÖCHSTENS MINUS ACHT GRAD GEERNTET WERDEN.

119

URGROSSMUTTERS MOHNSTRUDEL

URGROSSMUTTER WAR EINE JENER FRAUEN, bei denen man den Eindruck gewann, dass sie immer schon alt waren. Sie trug stets ihre Kittelschürze und hatte eine Frisur, wie sie nur Großmütter tragen. Wenn sie uns besuchte, dann äußerten alle denselben Wunsch: Sie möge doch bitte ihren Mohnstrudel backen. Ich glaube, sie mochte es, wenn ich ihr als Kind dabei zusah, wie sie ewig lange den Teig knetete, denn dann war sie besonders ausgelassen, sang mir ein Lied nach dem anderen vor und erzählte mir Geschichten. Sie war die Großmutter meines Vaters, und ich nannte sie Nagymama (dt. Großmutter), denn für mich war sie wie eine Oma.

Den Germteig knetete sie in einer Schüssel mit der Hand. Wenn die Zutaten schön vermengt waren, stellte sie einen Topf mit geschmolzener Butter vor sich hin (sie saß übrigens die ganze Zeit über), fuhr immer wieder mit der Hand in das laue Fett, holte eine Handvoll davon heraus und goss es über den Teig. Es schien so, als würde sie den Teig eincremen oder streicheln. „Schau, Katika, wie ein Baby, so zärtlich muss man zu dem Teig sein. Siehst du, ei, ei", sagte sie, und lachte. Urgroßmutter stand dann auf und verließ mit der Schüssel die Küche in Richtung Schlafzimmer. Heimlich schlich ich ihr nach und beobachtete sie dabei, wie sie die Schüssel auf ihr Bett setzte und ihre Decke darüber behutsam ausbreitete, als würde sie ein Kind schlafen legen. „Was machst denn du da? Essen gehört doch nicht ins Bett", sagte ich einmal empört zu ihr. Sie lächelte sanft und antwortete: „Pst, du musst leise sein, weißt du, der Teig ist schrecklich müde und will jetzt ein bisschen ruhen. Wir müssen ihn jetzt eine Weile alleine lassen, sonst ist er beleidigt und geht nicht auf."

Urgroßmutter gehörte zu jenen Menschen, die das Essen als etwas Wertvolles und nicht als etwas Selbstverständliches betrachteten. Sie wuchs in einer Zeit auf, in der Hunger nicht etwas war, das man in der Zeitung oder im Fernsehen als etwas nicht Greifbares sah, sondern als etwas, das zum Alltag gehörte. Wie oft litt sie wohl wirklich Hunger? Ein Gefühl, das wir heute kaum noch kennen. Und dass sie den Teig in ihr Bett brachte, hing zum einen damit zusammen, dass es in ihrem Zuhause wohl der wärmste Ort war, und zum anderen damit, dass sie das Essen so sehr wertschätzte, dass sie sogar ihr Bett mit ihm teilte.

Nagymama wurde in Ungarn geboren, in einem Teil, der nach dem Zweiten Weltkrieg zur damaligen Tschechoslowakei kam. Sie lernte nie Slowakisch, zu Hause wurde nur Romanes gesprochen, und als sie heiratete, nur noch Ungarisch. Während mein Vater im Jahr 1972 nach Österreich flüchtete, blieb sie ihr Leben lang in der Tschechoslowakei, besuchte uns aber regelmäßig, nachdem sich die Grenze öffnete.

Ihre Kochkunst war vermutlich eher von der ungarischen Küche geprägt – eine traditionelle internationale Romaküche gibt es im herkömmlichen Sinne nicht, da die Speisen immer von der jeweiligen Nationalität der Volksgruppe geprägt sind.

Im Burgenland gehören Speisen wie Erdäpfel-Grammel-Wurst mit Sauerkraut, Szegediner, Erdäpfelgulasch, Rahmbohnensuppe und Bohnensterz, Paradeiserkraut mit Erdäpfelröster, Erdäpfelsuppe, Letscho, Schweinsmagerlsuppe, Linsen mit Geselchtem, Kraut- und Erdäpfelstrudel zur Romaküche.

Sehr ähnliche Rezepte lassen sich auch in traditionellen Kochbüchern des Burgenlandes finden, Rezepte aus einfachen und billigen Zutaten. So wie es bei vielen armen Familien der Fall war, wurden vor allem Hülsenfrüchte, Erdäpfeln und Innereien verkocht. Dinge, die man sich eben leisten konnte.

Auch das berühmt-berüchtigte Igelgulasch hat mehr mit Armut denn mit einer speziellen Romaküche zu tun. Roma war es grundsätzlich verboten zu jagen – nur Niederwild, zu dem auch der Igel gehört, war ihnen erlaubt zu töten. In der Not und infolge des daraus resultierenden Hungers hatten viele keine Wahl. Ein anderes Thema ist das sogenannte „Zigeunerschnitzel" – viele glauben auch hier, dessen Ursprung liegt in der traditionellen Romaküche. Interessant ist jedoch, dass sich im 19. Jahrhundert bis Mitte des 20. Jahrhunderts keine Hinweise für ein „Zigeunerschnitzel" finden lassen. Es gibt zwar ähnliche und identische Rezepte, diese werden aber als „Schnitzel mit Paprikasauce" oder so ähnlich bezeichnet – all diese Rezepte stammen nicht von Roma. Das heißt, man kann hier festhalten, dass auch die Küche nach der Literatur und der Populärmusik die „Zigeuner" wieder einmal neu erfunden hat. Denn „Zigeuner" steht in der Kulinarik meist für feurig und pikant und erzeugt damit gleich ein altbekanntes und ebenso falsches Bild.

Doch zurück zu Nagymamas Germteig, denn in der Zwischenzeit hatte der genug Zeit, um im kuschelig warmen Bett aufzugehen. Also holte sie die Schüssel wieder zu sich in die Küche, der Teig hatte inzwischen sein Volumen verdreifacht. Sorgfältig rollte sie den Teig aus und bettete die Mohnfüllung darauf. Dann wurde alles zu einem Strudel zusammengerollt, wieder mit Butter bestrichen und in den Herd geschoben. Wenn das Rohr dann 30 bis 40 Minuten später geöffnet wurde, erfüllte es den Raum mit einem süßlichen Duft. Ich durfte immer schon ein Stückchen vom warmen Strudel probieren, obwohl Mama sagte, dass man davon Bauchweh bekommt. Der Teig war so flaumig und weich in meinem Mund, dass man ihn beinahe nicht kauen musste. Diesen Geschmack vergesse ich wohl nie.

Einige Jahre später, als Urgroßmutter nicht mehr lebte und ich in der Schule meinen ersten Kochunterricht hatte, teilte uns die Lehrerin Zettel mit Rezepten für Süßspeisen aus. Ich konnte meinen Augen kaum trauen, als ich die Rezeptliste sah. In dem Schulrezept stand, dass man den Teig mit Ei bestreichen solle, und als die Lehrerin nicht hinsah, machte ich es genauso wie Urgroßmutter: mit viel, viel Butter. Stolz brachte ich den Strudel nach der Schule nach Hause und ließ meine Eltern davon kosten. Mein Vater schloss die Augen, und ich konnte beinahe sehen, welche Erinnerungen vor seinem geistigen Auge aufblitzten. Nachdem er den ersten Bissen geschluckt hatte, sagte er, und seine Augen glänzten dabei ein wenig: „Wie der von Großmutter. Er schmeckt fast genau gleich. – Sie wäre sicher stolz auf dich."

Ich freute mich ungeheuer. In der Zwischenzeit sind wieder einige Jahre vergangen – und wenn ich heute Urgroßmutters Mohnstrudel mache, dann darf der Teig auch hin und wieder in unserem Bett schlafen.

Katharina Graf-Janoska

DAS HÄNGEBAUCHSCHWEIN IST IM BURGENLAND SELTEN, UND WENN MAN ES DOCH TRIFFT (ETWA BEI MICHL ANDERT IN RAMMAGEN), ZEIGT ES SICH NICHT IMMER

BOHNEN

Man könnte leicht ein eigenes Buch füllen mit all den burgenländischen Bohnenrezepten.

Das beginnt mit dem klassischen Bohnensterz über die Rostbratlbohnen (eine Art Bohnengulasch mit Paprika), Bohnenritschert (eingebrannte Bohnen) und geht bis zum Boaschoadl, einem aus gebratenen Fisolen mit Speck, Zwiebeln, Knoblauch und jeder Menge Pfeffer zubereiteten Gericht. Wegen ihrer Liebe zu Bohnen wurden die deutschen Bauern in Sopron von den Ungarn mitunter „poncichter", Bohnenzüchter, genannt. Heute noch trägt ein Stadtteil von Sopron diesen Namen.

Diese Speisenvielfalt bezeugt, wie wichtig die Bohne einst hier war. Es ist nicht übertrieben zu sagen, dass sie über Jahrhunderte das Überleben der Burgenländer sicherte. Sie war die wichtigste Eiweißquelle der meisten Menschen, in einer Zeit, in der Fleisch eine Besonderheit war. Mindestens zweimal die Woche, erinnern sich die alten Leute noch, kamen in ihrer Kindheit Bohnen auf den Tisch.

In den Weinbaugebieten waren Bohnen oft ein Teil der Weinbau-Mischkultur, ganz ähnlich wie die Pfirsiche oder die Kirschen. Die Büsche wurden zwischen den Weinstöcken angebaut und bereits kurz nach der Sommersonnenwende,

zu Johanni am 24. Juni, geerntet. Die Büsche wurden geschnitten und verkehrt herum zum Trocknen an die Weinstöcke gehängt. Einmal getrocknet, wurden die Schoten gepflückt, in Leinensäcke gepackt und die Bohnen gedroschen. In Säcken oder Tüchern aufgehängt (zum Schutz vor Mäusen), hielten sie sich leicht mehrere Jahre.

Einst war die Weiße Bohne, eine Buschbohne, die wichtigste Bohnenart, mittlerweile wird vor allem die optisch auffällige Käferbohne gezogen. Die weiße Bohne allerdings ist immer noch die Bohne der Wahl für die vielen burgenländischen Bohnenspezialitäten. Wenn zum Beispiel Frau Rüssel aus Purbach ihren legendären Bohnenstrudel macht (siehe Rezept S. 128), besteht sie auf diese Spezialität.

Zwar gehören Bohnen im Burgenland immer noch zu den Grundnahrungsmitteln – trotzdem haben sie mit den fallenden Fleischpreisen in den vergangenen Jahrzehnten stark an Popularität und vor allem an Vielfalt verloren. Roland Pöttschacher will das wieder ein wenig ändern. Auf seinen Feldern in Loipersbach züchtet er alte und fast vergessene Bohnensorten – über 80 verschiedene gedeihen mittlerweile bei ihm.

ROLAND PÖTSCHACHER BAUT BEI LOIPERSBACH MODERNE UND FAST VERGESSENE BOHNENSORTEN AN.

PURBACHER BOHNENSTRUDEL

Rezept für 6 bis 8 Personen

ZUTATEN

Für den Teig
500 g glattes Mehl
250 ml Wasser, lauwarm
Öl
Salz

Für die Füllung
400 g Weiße Bohnen
10 Semmeln
2 große Zwiebeln
Schmalz
1 Handvoll gerebelter Majoran, am besten frisch
Salz, Pfeffer

1 kg Schmalz zum Frittieren

ZUBEREITUNG

Vorbereitung: Am Vortag die Bohnen in einer großen Schüssel mit kaltem Wasser bedecken und über Nacht einweichen.

Teig: Wasser, Mehl und Salz gut zu einem Teig verkneten, dann mit Öl bestreichen und mindestens eine halbe Stunde rasten lassen.

Füllung: Das Einweichwasser von den Bohnen abgießen. In einen Topf geben, mit frischem Wasser bedecken und etwa eine Dreiviertelstunde weichkochen. Abgießen, das Bohnenkochwasser für später aufheben.
Die Semmeln kleinschneiden. Die Zwiebeln in Streifen schneiden und in Schmalz gut anrösten. Mit dem Majoran, ordentlich Salz und Pfeffer würzen. Die Semmeln zugeben und einige Minuten weiterrösten. Die gekochten Bohnen daruntermischen, die Pfanne von der Hitze nehmen und die Masse etwas auskühlen lassen.
Strudelteig auf einem bemehlten Tuch fein ausziehen und in der Mitte über die ganze Länge die Bohnen-Semmel-Mischung darauf verteilen. Mit einem Messer längs in der Mitte der Füllung durchschneiden und zwei Strudel rollen.

Die Strudel in etwa zehn Zentimeter lange Stücke schneiden und an den offenen Enden zusammendrücken. In heißem Schmalz goldbraun backen. Mit grünem Salat, Essiggurkerln oder Essigkren (gehackten Zwiebeln, gehackten gekochten Eiern, Essig und Kren) servieren.

128

HERAUSGEBACKEN UND GEGESSEN VON MARIA RÜSSEL, PURBACH.

129

DIE KLASSISCHE BLAUDRUCK-SCHÜRZE, EINST IN FAST JEDEM HAUS IM BURGENLAND ZU FINDEN.

SCHILF IM HERBST.

131

ERDÄPFEL

Die Burgenländer und die Erdäpfel – oder „Grundbirn", wie sie hier mitunter heißen – haben lange Zeit eine etwas gespaltene Beziehung zueinander gehabt.

Erst vergleichsweise spät sind die Knollen hierhergekommen – nach dem Mais, also wohl erst im späten 18. Jahrhundert –, und als Festtagsspeise galten sie nie. Sie wurden gern als Schweinefutter verwendet oder zu Spiritus gebrannt. Eine gewisse Geringschätzung zeigt sich auch daran, dass eine klassische Erdäpfelsuppe mit Kümmel und etwas Rahm in manchen Gegenden des Burgenlands als „Bettlersuppe" bekannt ist und der Erdäpfelsterz auch „Bettlersterz" genannt wird.

Andererseits war das Burgenland lange Zeit eine arme Gegend, in der Erdäpfel das vielleicht wichtigste Grundnahrungsmittel darstellten. Jede Familie mit Grund baute ihre eigenen Erdäpfel an – mindestens 200, 300 Kilo pro Jahr. Dementsprechend zahlreich sind die Rezepte mit Erdäpfeln in der burgenländischen Küche.

Gebraten oder gekocht, wurden sie gemeinsam mit einem Glas Milch und/oder etwas Rahm zu Abend gegessen; sie wurden und werden als Erdäpfelsalat genossen und sind Teil zahlreicher anderer Salate, etwa dem Kroarlsalat aus ausgetriebenen Rübenblättern; aus Erdäpfelteig werden Knödel, Fosn und Wuzelnudeln geformt; sie werden zu Sterz verkocht; auch werden sie roh gerieben und zu „Grundbirnnigln" gebacken, einer Art Erdäpfelpuffer mit Schmalz, Milch und Ei. In Notzeiten wurden sie, wie in einer ethnologischen Studie aus den 1960er-Jahren über das Südburgenland berichtet wird, auch in den Brotteig gemischt.

Das Burgenland zählt nicht zu den klassischen Erdäpfel-Anbaugebieten, Boden und Klima eignen sich nicht zur Produktion im richtig großen Stil. Die Knollen, die hier wachsen, können aber bei richtiger Pflege durchaus geschmacklich mit der Konkurrenz aus berühmten Erdäpfelgegenden wie dem Waldviertel mithalten: Die Familie Dorner aus Markt St. Martin etwa baut bis zu acht verschiedene Sorten an. Sie holte mit der Sorte „Graziosa" beim Goldenen Erdäpfel in der Kategorie „festkochend" den zweiten Platz.

DIE FAMILIE DORNER AUS MARKT ST. MARTIN HAT MIT IHREN ERDÄPFELN SCHON PREISE GEWONNEN.

SCHUTLE BANGORE

Saure Erdäpfel

Rezept für 2 als Hauptspeise, 4 als Beilage

ZUTATEN

1 kg Erdäpfel
2 EL Mehl
2 EL Schmalz oder Öl
Salz
2–3 EL Tomatenmark (nach Geschmack)
500 ml klare Rindssuppe oder Wasser
1 Schuss Essig
Sauerrahm zum Abschmecken (optional)

Je nach Geschmack mehr oder weniger Essig verwenden und
mit Sauerrahm abschmecken.

ZUBEREITUNG

Die Erdäpfel schälen und würfelig schneiden. Wasser in einen
Topf geben, eine Prise Salz beimengen, die geschnittenen
Erdäpfel hinzufügen und kochen lassen.

Währenddessen aus dem Mehl und dem Schmalz eine helle
Einbrenn zubereiten: Schmalz schmelzen, Mehl einrühren und
unter ständigem Rühren ein wenig Farbe annehmen lassen.
Wenn die Erdäpfel gar sind, vom Ofen nehmen und abgießen.
Tomatenmark hinzufügen und mit Wasser oder Suppe auf-
gießen, sodass die Erdäpfel gerade noch bedeckt sind.

Nun die Einbrenn hinzufügen und alles nochmals aufkochen,
sodass das Gericht sämig ist.

Zum Schluss mit einem Schuss Essig und eventuell etwas
Sauerrahm alles abschmecken – das Endergebnis muss sämig
sein, nicht flüssig! –, und danach kann auch schon angerichtet
werden.

GEKOCHT UND GEGESSEN VON JOSEPH SCHMIDT, OBERWART.

135

DIE STADT DER PONCICHTER

DIE DEUTSCHSPRACHIGEN WIRTSCHAFTS-BÜRGER VON SOPRON kelterten und keltern wieder besondere Weine. Benannt wurden sie aber nach einer viel zu gering geschätzten Hülsenfrucht.

Natürlich ist es zuerst nur ein Spottname gewesen. Poncichter, Bohnenzüchter: So nannten die Soproner ihre Ödenburger Nachbarn, die deutschsprachigen Bauern der königlich-ungarischen Freistadt. Die sind, wenn schon nicht reich, so doch wohlhabend geworden durch den Weinbau und die jahrhundertealte Kunst des Kelterns. Ihr Kékfrankos war stets vorne mit dabei, wenn es galt, den Ruhm des ungarischen Weins in die Welt hinauszutragen.

Mittlerweile – das mordlüsterne, kriegsgeile, ethnisch so putzfimmelige 20. Jahrhundert hat uns nachdrücklich eingebläut, was für einen Schatz wir nicht nur an jeweils uns, sondern vor allem aneinander hätten – trägt die Stadt den Spott- wie einen Ehrennamen. Ein ganzer Stadtteil nennt sich so. Wer von der Grabenrunde, dem Várkerület, ein paar Schritte nordwärts geht, über die als Brücke nicht erkennbare Ikva híd, ist schon mittendrin im Poncichter-Viertel. Hier gibt es keine Flaniermeile, aber doch so manches zu entdecken. Die Szent Mihály utca hinauf. Linkerhand das Zwei-Mohren-Haus, „a két mór-ház". Schönstes Bauernbarock. Die Poncichter – zu viele wurden 1946 vertrieben – waren stolze Bürger einer freien Stadt. Keinem Grundherrn untertänig. Nur steuerpflichtig. Das schon.

———

In deutscher Schreibung heißt es, dem Ungarischen gleichlautend, Poncichter. Was es bedeutet, ist selbsterklärend. Warum aber die Ödenburger Weinbauern so benannt wurden, schon weniger. Man erzählt sich, die Poncichter – fleißige und sparsame Leute – hätten zwischen den Rebreihen Bohnen gezogen. Falls der Herrgott dem Wein kein gutes Jahr beschied, hatte man immer noch was, um es zum Markt zu tragen. Und, natürlich, zum eigenen Herd.

In moderner, ökologisch forcierter, gewissermaßen grüngelockter Diktion ließe sich auch die bäuerliche Weisheit rühmen. Bohnen sind ausgesprochen genügsam. Sie wachsen in vielfältigsten Varianten. Und sie reichern in ihren Wurzeln so viel Stickstoff an, dass sie bis heute zur Bodenverbesserung verwendet werden. Gründünger. Luzerne zum Essen quasi.

Die schönste Erklärung fürs Poncichterische an den Poncichtern ist jene: Gemüseäcker waren nicht oder sehr gering nur besteuert. Weingärten dagegen hoch. Und man stelle sich nun – nur ganz kurz, zur Unterhaltung – einen alten, mit allen Wassern gewaschenen Weinbauern vor und einen Finanzprüfer. Und die beiden würden – sagen wir: gleich da im Keller – darüber disputieren, ob das zu besteuernde Grundstück ein Weingarten mit Bohnen dazwischen sei oder doch eher ein Bohnenacker mit bloß ein paar Rebstöcken für den Haustrunk dazwischen.

———

Ödenburg war, die Geschichte ist ja bekannt, vorgesehen als die Hauptstadt des nach dem Ersten Weltkrieg neugeschaffenen österreichischen Burgenlandes. Sopron, das römische Scarbantia, war freilich auch eine uralte ungarische Stadt. Eine Volksabstimmung im Dezember 1921 besiegelte den Verbleib bei Ungarn. So blieb das Burgenland ohne Stadt, nach der es sich hätte ausrichten können. Und Sopron verlor sein Land, aus dem es die Kraft gezogen hatte.

Die Poncichter freilich haben sich – im leibfüllenden Wortsinn beinahe – eingebrannt ins burgenländische Geschmacksempfinden.

Lange bevor die Veganist*innen damit begonnen haben, mit ihren Küchensudereien die Leute zu nerven, hat die – wir gendern jetzt retour – schöne Burgenländerin mit Bohnen schon ihr Zauberwerk vollbracht.

In Kärnten erreicht ein Mädchen dann seine Heiratsfähigkeit, wenn es die Kasnudeln geläufig zu krendeln versteht. Die schöne Burgenländerin muss zu linden wissen. Dazu wird Mehl erhitzt bis zu jenem Punkt, an dem es gerade noch nicht anbrennt. Dieser Hitzepunkt ist dann erreicht, wenn das ständig gerührte Mehl auf der empfindlichen Haut zwischen Daumen und Zeigefinger gerade nicht mehr auszuhalten ist. Zwischen dem „Au!" des Mädchens und dem Hineinleeren der gekochten Bohnen mit einem Teil des Bohnenwassers darf grad einmal ein Wimpernschlag liegen. Ein bewunderungswürdiges Kunststück.

Bohnenzuspeis'. Und Bohnensuppe. Und Bohneneintopf. Und, weil wir ja in Pannonien sind: Babpaprikás, Bohnengulasch. Und Bohnenstrudel. Und. Und. Und. Bevor wir's aber vergessen vor lauter Zungenschnalzen: Mit dem Linden beginnt die Zubereitung erst. Gekrönt wird der Bohnensterz eh mit dem, was man Abschmalzen nennt.

———

Wer beim Flanieren durchs Poncichter-Viertel Appetit kriegt, sollte es nicht versäumen, auch beim Erhard étterem hineinzuschauen, sich in den großen Garten an der Ikva, dem sogenannten Spitalsbach, zu setzen. Und sich vielleicht Gusto machen zu lassen auf einen Poncichter-Abend. Der Patron, Zoltán Erhard, hat einmal der Budapester Zeitung „Magyar Nemzét" erzählt, dass er bei so mancher Poncichter-Frau wegen alter Bohnensterz-Rezepturen nachfragen gewesen sei.

„In jedem Haus gibt es ein anderes Rezept dafür." Erhard macht seinen übrigens mit Gänseschmalz. Aber gut, das ist auch ein Sternelokal.

Natürlich haben die Poncichter nicht nur Bohnen auf Herd und Tisch gestellt. Aber das Zaubern damit ist doch so etwas wie die Leitkunst der Küchen in Stadt und Land. Beide sind nach der Wende – die hier früher als überall anderswo begonnen hat – auf eine neue, das vermaledeite Jahrhundert nicht verdrängende Weise wieder zusammengekommen.

Das Poncichterische hat, wie sich gezeigt hat, die Vertreibung so vieler Poncichter-Familien im Jahr 1946 überdauert. Nun sind die Poncichter längst zu einem Markenzeichen geworden. Winzer nennen manche ihrer Weine „Ponzichter".

Und mittlerweile baut man – im übertragenen Sinn – auch wieder fleißig zwischen den Rebreihen an. Im nahen Loipersbach, drüben im Burgenland, hat sich eine landwirtschaftliche Initiative unter dem Namen Ponzichter mit Hingabe der Bohne gewidmet. Vom Anbau über den Verkauf bis hin zur Herdphilosophie.

Die Kunst des Lindens allein ist für die moderne Köchin, den modernen Koch zu wenig. Man hat den Ehrgeiz entwickelt, aus der Bohne eine ganze Menüfolge zu komponieren. Von der Suppe bis zum Dessert. Der Babsterc, der Bohnensterz, ist ja seit eh und je auch süß gereicht worden. Aber Pralinen aus Bohnen? Aber ja. Doch. Gibt's.

Wolfgang Weisgram

HASENSTRECKE, GATTENDORF.

140

HASENSTRECKE, GATTENDORF.

141

HOLLER

Essen war immer schon auch Medizin, ebenso im Burgenland.
Ganz besonders trifft das auf den Holler zu.

Als „lebende Apotheke" beschreibt Franz Mayer-Bruck den Hollerbusch in seinem tollen Standardwerk „Vom Essen auf dem Lande". Darin listet er eine Unzahl von Wirkungen auf, die dem Holler von den Burgenländern zugeschrieben wurden.

Gegen Erkältungen soll ein Tee aus getrockneten Hollerblüten wirken (Achtung, schweißtreibend!). Die Blätter wiederum sind gut gegen Nierenleiden und Wassersucht, die schwarzen Beeren haben eine leicht abführende Wirkung. Hollersaft soll gut sein gegen Rheuma und Ischias, äußere Entzündungen können durch Auflage junger Blätter oder frischer Rinde behandelt werden, ein Sud aus Blatt und Wurzel wiederum hilft bei der Blutreinigung, und wenn es gerade nichts Konkretes zu behandeln gibt, so schützt Holler immer noch vor „Hexerei und Zauber".

Erfreulicherweise wächst der Holler im Burgenland wie Unkraut: An jedem Feld, Weg und Waldrand ist mindestens ein Busch zu finden, manch einer pflanzt ihn, um ganz sicherzugehen, auch noch im Garten.

Am glücklichsten ist freilich, wer seiner heilenden Wirkung nicht bedarf und den Holler einfach zum Vergnügen essen kann: „Hullaschoibal" oder Hollerkrapfen (gebackene Hollerblüten) waren und sind die wahrscheinlich beliebteste burgenländische Hollerspeise. Sie wurden gern als süße Hauptspeise serviert, etwa nach einer üppigen Suppe.

Die Dolden werden dafür durch einen simplen Backteig gezogen, im Schmalz oder Öl herausgebacken und dann mit Zucker und Zimt bestreut – genauso wird übrigens auch mit Akazienblüten verfahren. Die Blüten sollten dafür jung geerntet werden, kurz nachdem sie aufgeblüht sind, weil dann meist noch kein Ungeziefer auf ihnen nistet. Doch Holler kann noch mehr: Einmal gereift, werden die schwarzen Beeren gern mit Zucker und etwas Mehl zu Kompott eingekocht, das etwa zu Schmarrn oder Sterz serviert wird.

Bis heute hat der Holler zahlreiche Fans im Burgenland. Madeleine Schreiber aus Nikitsch zieht gern im Mai und Juni los und erntet Blüten für die Schöberl.

MADELEINE SCHREIBER AUS NIKITSCH SCHÄTZT NICHT NUR DEN GESCHMACK DES HOLLERS.

143

GEBACKENE HULLASCHOIBA

Gebackene Hollerblüten

Rezept für etwa 20 gebackene Hollerblüten

ZUBEREITUNG

Aus Eiern, Mineralwasser, Mehl, Zucker und Salz einen Teig rühren.

Staubzucker und Zimt vermischen.

Schmalz oder Öl in einem schweren Topf auf Frittiertemperatur (etwa 180 Grad) erhitzen.

Hollerblüten einzeln durch den Teig ziehen und im heißen Fett backen, bis sie goldbraun sind.

Auf Küchenrolle kurz abtropfen lassen, noch heiß mit Staubzucker und Zimt bestreuen und umgehend genießen.

ZUTATEN

2 Eier

200 ml Mineralwasser

300 g Mehl universal

1 EL Zucker

1 Prise Salz

1 l Schmalz oder Rapsöl zum Backen

20 schöne Hollerblüten, möglichst ohne Läuse

Staubzucker und Zimt zum Bestreuen

GEBACKEN UND VON DEN SELBSTGEMACHTEN TELLERN GEGESSEN VON DER KERAMIKERIN MIA KOSTYAN, NIKITSCH.

145

HALMRÜBEN

„Hiaz bau i meini Ruim / Fia olle Madal und Buim / Und olli
wos vorubergeinga / Solln se welche neima"

(Spruch für die Rübenaussaat aus Pamhagen)

Die Halm- oder Stoppelrübe verdankt ihren Namen dem Zeitpunkt ihrer Aussaat: Sie wird im August auf den Feldern ausgebracht, auf denen gerade das Getreide geerntet wurde und wo nur noch Halme oder Stoppel übrig sind. In der schlechten alten Zeit war sie überlebensnotwendig: Dank ihr konnten arme Bauern, die das meiste Getreide verkaufen oder an die Gutsherren abliefern mussten, ein wenig mehr aus ihrem Land herausholen.

Halmrüben reifen im Oktober und November, können aber problemlos bis in den Februar auf dem Acker gelassen und bei Bedarf aus der Erde geholt werden. Roh schmecken sie ein wenig bitter und leicht scharf, ähnlich wie ein grober weißer Rettich. Sie wurden meist gekocht gegessen, etwa „einbrennt" als „Zuspeis", oder wie Kraut eingelegt und milchsauer vergoren. Während Sauerkraut im Burgenland immer noch allgegenwärtig ist, sind die Ssauren Rüben heute eine rare Delikatesse geworden.

Wurden die Rüben im Keller gelagert, trieben sie im späten Winter noch einmal gelbgrüne Blätter aus, die „Ruabnkei": Diese wurden geschnitten, gekocht und mit Schmalz, Zucker und Kernöl mariniert als sogenannter „Kroarl-Salat" verspeist.

Glücklicherweise braucht heute niemand mehr die Halmrüben zum Überleben. In vielen Gegenden des Burgenlands werden sie aber trotzdem noch gern angebaut – weil sie unkompliziert und mit ihren altrosa Flecken prächtig anzusehen sind und einfach gut schmecken. Paul Prikoszovits streut jeden Sommer einige Rübensamen in seinem Garten in Kroatisch Minihof aus, seine Frau Maria bäckt im Winter eine burgenland-kroatische Spezialität aus ihnen: Ripnjaki, einen Rübenstrudel mit grobem Topfen und Grammeln.

PAUL PRIKOSOVITS AUS KROATISCH MINIHOF MIT EINEM TEIL DER RÜBENERNTE.

147

RIPNJAKI

Halmrübenstrudel

Rezept für 1 Blech

ZUTATEN

Für den Teig
300 g glattes Mehl
2 EL Öl
1 Ei
1 Schuss Essig
1/8 l lauwarmes Wasser

Für die Füllung
800 g Rüben
2 große Zwiebeln
Schmalz
120 ml Sauerrahm
250 g Bröseltopfen
Grammeln (optional)

ZUBEREITUNG

Teig: Öl, Ei, Essig und Wasser versprudeln, dann mit dem Mehl zu einem nicht zu festen Teig verarbeiten. Zu einer Kugel formen, mit Öl bestreichen und in Klarsichtfolie gewickelt zwei Stunden rasten lassen.

Füllung: Rüben schälen und grob reiben. Die Zwiebeln fein hacken und in etwas Schmalz anrösten. Zwiebeln, Rüben, Rahm, Topfen und Grammeln (falls verwendet) gut vermengen.

Backrohr auf 180 Grad vorheizen.

Teig mit einem Nudelholz erst ausrollen und dann mit der Hand auf die gewünschte Größe ziehen. Eine Hälfte mit der Füllung etwa zwei Finger dick bestreichen, die andere Teighälfte darüberschlagen.
Backen, bis der Strudel eine schöne Farbe angenommen hat, etwa 30 Minuten. Noch warm mit Schmalz bestreichen.

GEKOCHT UND GEGESSEN VON JOHANKA (LINKS) UND MARIA PRIKOSZOVITS, KROATISCH MINIHOF.

149

HORN.

150

HORNTRÄGER (DIE STEPPENRINDER KOMMEN IN DIE STEPPE).

NÜSSE

Traditionell unterscheiden die Burgenländer zwei Nusssorten: „Papiernüsse" und „Sta-Nüsse".

Papiernüsse lassen sich leicht knacken, die Sta-Nüsse (Steinnüsse) hingegen machen es ihren künftigen Essern eher schwer. Sie wurden daher oft noch grün geerntet und für den Nussschnaps verwendet.

Schon vor knapp 2.000 Jahren soll der Nussbaum mit den Römern nach Pannonien gekommen sein, dank des milden Klimas gedeiht er hier angeblich noch einmal besser als im Rest Österreichs. Das war stets ein großes Glück für die Burgenländer: Walnüsse enthalten eine Unmenge guter Nährstoffe, vor allem jede Menge Fett (pro Gramm deutlich mehr als ein Cordon bleu), was sie lange zu einem ganz wichtigen Energielieferanten für arme Bauern machte. Auf jeder Angerwiese, in jedem Haus- und Weingarten stand daher einst ein Nussbaum.

Wenn die Früchte im August oder September reiften, wurden sie entweder mit langen Stangen von den Bäumen geklopft („geposst") oder einfach „z'amklaubt" und in einen Weidenkorb geworfen, der unter dem Baum bereitstand. War der voll, wurde er nach Hause auf den Dachboden gebracht, wo die Nüsse erst einmal trocknen durften.

Im Winter, wenn die Arbeit auf den Feldern getan war, wurden am Abend gemeinsam Nüsse „aufgeschlagen": Die Nuss wurde auf eine harte Unterlage „gestellt" – mit einem Hammer wurde auf ihre Spitze geschlagen, sodass sie gebrochen ist und ausgelöst werden konnte. Die Kerne wurden vor allem zum Backen

verwendet, für die berühmten burgenländischen Hochzeitsbäckereien, für Nusstorten, Nussstrudel oder für Nusskipferl. Das Ödenburger Nusskipferl etwa war in der ganzen Monarchie berühmt und für zahlreiche Wiener ein Anlass für einen Tagesausflug.

Weil Nüsse aber viel Arbeit machen und Nusslaub noch dazu schlecht kompostiert, wurden in den vergangenen Jahrzehnten zahlreiche Bäume gefällt. Die allermeisten Nüsse, die heute im Burgenland (und generell in Österreich) gegessen werden, wachsen in der Türkei oder in Südamerika und werden nach Moldawien gebracht, wo sie dann in großen Anlagen geschält werden.

Wer heute im Burgenland noch klaubt und schlägt, der macht das meist für den Eigenbedarf. Es tut sich aber etwas: Wissenschafter arbeiten an leicht knackbaren Sorten, zudem soll die Verwertung von Schalen die Nuss lukrativer machen, und seit ein paar Jahren gibt es auch in Österreich eine professionelle Nussknackanlage.

Christine Woinar kümmert sich mit ihrem Verein in Draßmarkt im Mittelburgenland um den Erhalt der burgenländischen Nuss. In guten Jahren veranstaltet sie eine „Nussbörse", wo Interessierte beste burgenländische Nüsse kaufen können – „Sta"- und Papier-.

CHRISTINE WOINAR KÜMMERT SICH IN DRASSMARKT UM DIE ERHALTUNG DER BURGENLÄNDISCHEN NUSSTRADITION.

153

NUSSBEIGEL

Rezept für 1 Beigel

ZUTATEN

Für den Teig
250 g glattes Mehl
250 g griffiges Mehl
1 Pkg. Germ
50 g Butter
1 Bio-Ei
1 Handvoll Zucker (etwa 50 g)
250 ml Milch
1 Prise Salz

Für die Füllung
450 g geriebene Walnüsse
125 ml Milch
4 Handvoll Zucker (etwa 200 g)
2 EL Butter
1 EL Mehl (universal, griffig oder glatt)
2 Prisen Zimt
1 Schuss Inländerrum
Rosinen nach Belieben

ZUBEREITUNG

Teig: Die Milch auf Körpertemperatur erwärmen. Eine Hälfte mit Germ und 1 EL Zucker mischen und etwa 15 Minuten gehen lassen.

Die restliche Milch, den restlichen Zucker, Ei, Butter, Salz und die Germmilch in eine Schüssel geben. Das Mehl zugeben und zu einem Teig kneten. An einem warmen Ort gehen lassen, bis er sein Volumen verdoppelt hat, etwa eine Stunde.

Füllung: Aus Mehl und Butter eine helle Einbrenn machen, dann mit Milch aufgießen und kurz eindicken lassen. Zucker, Nüsse, Zimt, Rum und Rosinen zugeben und gut mischen, bis eine homogene Masse entsteht.

Das Backrohr auf 170 Grad vorheizen.

Den Teig zu einem Rechteck auswalken. Die Nussmasse gleichmäßig darauf verteilen. Zu einer Roulade rollen. Auf einem Backblech 40 Minuten backen, bis der Beigel eine schöne braune Farbe angenommen hat.

GEBACKEN UND GEGESSEN VON HEIDI ANDERT, PAMHAGEN.

155

MANCHE DER KASTANIENBÄUME IM GÜNSER GEBIRGE SIND BIS ZU 700 JAHRE ALT.

156

SONNENBLUMEN LEBEN DEUTLICH KÜRZER.

157

DAS RIBISELBROCKEN vor dem badengehen – nicht immer lustig – und das äpfelklauben im großelterlichen garten haben genauso wie der dampfende krautsalat am offenen küchenfenster und das gefüllte brathendl zu meinem kindlichen leben gehört. hol mir zwiebel und majoran, rief meine großmutter, und dann roch es nach erdäpfelgulasch. viel später, am eigenen herd, sagte mir meine nase: erdäpfelgulasch = zwiebel und majoran.

die gerüche meiner kindheit waren ganz bedeutende wurzeln für mein leben. der großvater roch nach bienen(wachs), schweiß und manchmal nach zigarre. seine vollen bienenwaben wollten entdeckelt und geschleudert werden – köstlich, das wachs als honig-kaugummi, nur nicht zu viel, sonst gibt's bauchweh.

meine ahnen waren durchwegs von den rändern der monarchie gekommen, aus slowenien und mähren, und hatten sich in weiterer folge in der steiermark und im burgenland niedergelassen. der großvater väterlicherseits kam vor 100 jahren ins burgenland, weil deutschsprachige amtmänner gebraucht wurden. ich erlebte ihn in seiner pension vor allem als jäger, so wie auch mein vater und alle männer der familie jäger waren. jagd war das hauptthema. immerhin gab's da auch interessantes zu erleben: das erlegte wild wird bestaunt, die leber geröstet, auch hirn mit ei. mich jugendliche forscherin interessiert die kulinarische seite sehr, und ich wage exotische versuche wie zum beispiel schnepfendreck. … leider kann ich mich nicht mehr an das ergebnis erinnern.

auch als der familiensitz in die großstadt verlegt wird, geht es an wochenenden und in den ferien weiter mit dem landleben, bei den großeltern in hartberg und in kitzladen im angrenzenden burgenland, wo gejagt wird.

als studentin an der hochschule für angewandte kunst dann der schritt in die ländliche selbstständigkeit: ein häuschen an der steirisch-burgenländischen grenze im lafnitztal, im gehöft der mayerhofer-mühle. in wien ein leistbares atelier, eine alte schmiede in einem biedermeierhaus.

und dann der stein. während ich im studium mit vielen materialien experimentierte, insbesondere polyester war in den 70er-jahren aktuell, begegnete ich ein jahr nach dem diplom auf einer istrien-reise dem stein, genauer gesagt, dem istrischen marmor. auf der wiese zwischen den kühen entstanden dort meine zwei skulpturen ellbogen und kopf. ich erlebte etwas, das ich später als sich am material entzünden benannte. alle anderen materialien wurden zweitrangig, ab da war stein mein material.

die steine wurden immer größer, wettbewerbe gewonnen, aufträge ausgeführt und kinder geboren. zwei töchter, die kleinen kinder und die großen steine erfüllten mein frauen-leben. und immer wird gekocht. besucher werden von den kindern gefragt: hast du auch eine küche?

der stein hat auch etwas mütterliches, zu dem man vertrauensvoll immer wieder zurückkehrt, als kind wie auch als erwachsener.

die behausungen werden auch größer: in wien 1980 ein loft in einer ehemaligen kaserne und ein paar jahre später – als erste frau – ein bundesatelier in einem ehemaligen weltausstellungspavillon im prater mit einem park für die großen arbeiten, ein ganz besonderer ort in der großstadt. im burgenland erwerbe ich nach zwei gemieteten bauernhöfen 1995 den arkadenhof am trulitsch in buchschachen.

über den hügeln
schwerelos
jetzt!

und da geht's dann richtig los: neben den umfangreichen renovierungsarbeiten gilt es, zwei hektar grund mit 130 obstbäumen zu bewirtschaften.

ich lerne meine bäume kennen, wann sie früchte tragen und welche, ich lerne most zu machen und essig.

das schnapsbrennen, das destillieren ist spannend ähnlich

meiner künstlerischen arbeit, dem herausarbeiten, verdichten ... und das ergebnis schmeckt großartig! auch liköre werden in der hexenküche angesetzt, geistige vermählung der früchte ... schafe beweiden die wiese und transformieren gras in fleisch, das in die töpfe und schließlich auf den gaumen wandert. dies alles lange zeit im wettstreit mit dem schaffensort wien, wo der schwerpunkt der künstlerischen arbeit liegt: die spannende steinarbeit an vielen tonnen großen und kleinen steinen, im entstehen, entwickelt oder nach einem entwurf, ideen ausgebaut, kulturpolitische kämpfe ausgetragen, gewonnen oder verloren, widerständen standgehalten oder diese aufgebaut, erfolge und feste gefeiert und misserfolge betrauert.

wünsche und fantasien
in stein geschrieben, gehauen, gegraben
werden nicht realität
bleiben
wünsche und fantasien
aber sichtbar und fühlbar

und schließlich verblasst die bedeutung der stadt und der kämpfe, die kinder sind längst auf guten wegen. ich bin der gespaltenheit zwischen stadt und land und des pendelns müde und genieße es zu bleiben. längst ist auch die schöpferische arbeit hier verankert, und nach ein paar jahren doppelgleisigkeit ist dieser platz über den hügeln der schwerpunkt meines lebens geworden. anfangs nur um unliebsame nachbarschaft zu verhindern, erwarb ich 2011 das benachbarte ehemalige wirtshaus – eine wohnbaugenossenschaft hatte ein auge darauf geworfen, wollte es ursprünglich abreißen, hatte dafür aber kein geld. also entfernte ich die hässlichen vorhänge und lampen, öffnete die fenster, und nach und nach verschwand der alte mief. verschiedenste ideen besiedelten mich, und ich fand gefallen an dem großzügigen platzangebot, insbesondere am saal mit

seinen 150 m² und dem herrlichen rundumblick über meinen skulpturenpark und die hügellandschaft.

drum fühl frei dich
auch das hässliche zu lieben,
denn es wird schön,
wenn sich die augen üben

michelangelo buonarroti

schließlich das naheliegende: ich akzeptiere das haus als architektur-denkmal von 1970 und schenke ihm mit einem neuen, strahlend weißen fassadenanstrich ein äußeres zeichen für sein neues leben als kunst-haus. der saal ist von sämtlichen eichenfurnier-einbauten und -möbeln befreit und zum ausstellungs- und atelierraum transformiert, es gibt einen salon und einen empfangsraum in der renovierten schank, im ersten stock entsteht jetzt ein museum. es erfüllt mich mit freude und stolz, nach meinem hof auch dem wirtshaus eine neue bedeutung und bewirtschaftung zu geben und so ein zeichen für den wert von alten häusern und die nachhaltigkeit zu setzen. mit den aus dem saal entfernten lüftungsrohren habe ich eine skulptur als hauszeichen gebaut: das TRU, für truger und trulitsch, wie dieser weiler heißt. man kann ja nicht ewig wirtshaus sagen, also habe ich das haus umbenannt. so hat sich alles bestens gefügt, und ich konnte mich nach 34 jahren von diesem wunderbaren ort in wien verabschieden, um hier, am trulitsch, inmitten meiner arbeiten und der natur die erträumte gesamtheit zu leben, mit kunst und küche.

Ulrike Kluger
www.ulriketruger.at/skulpturenparktru

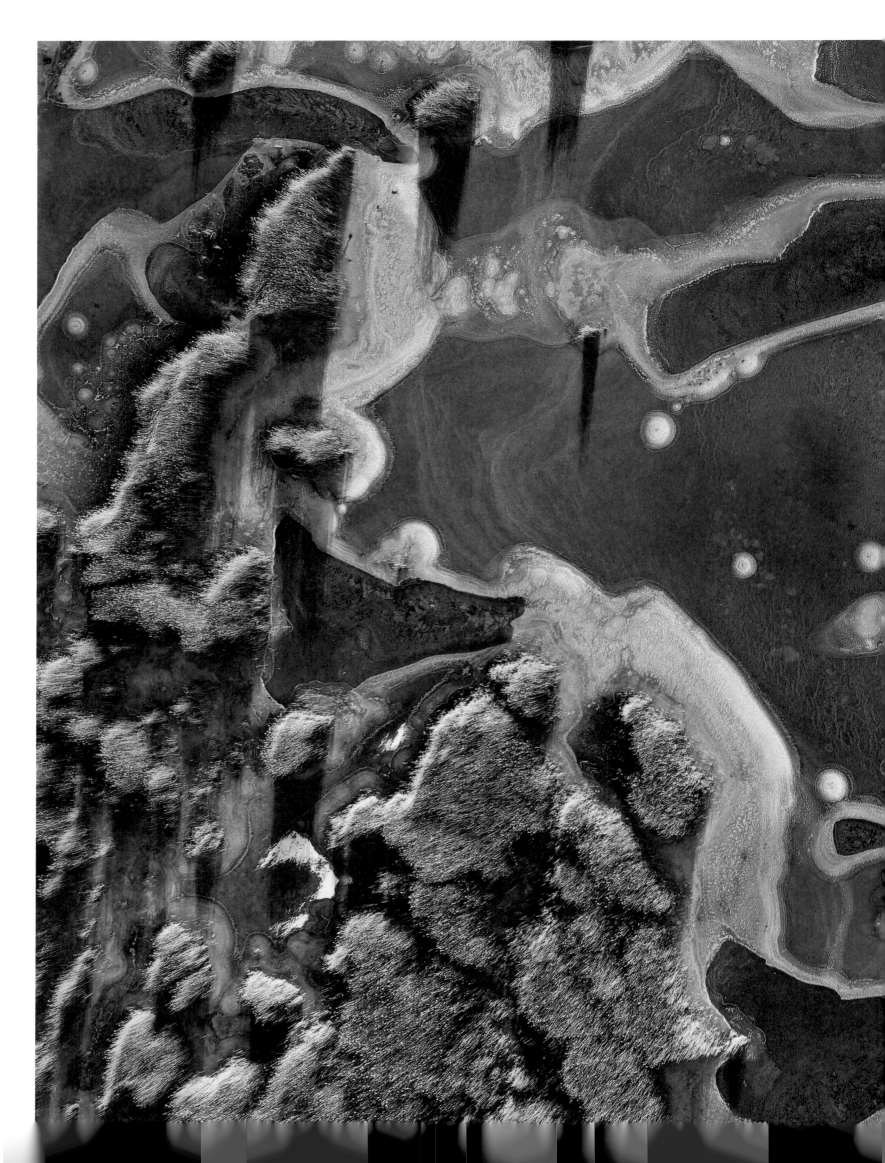

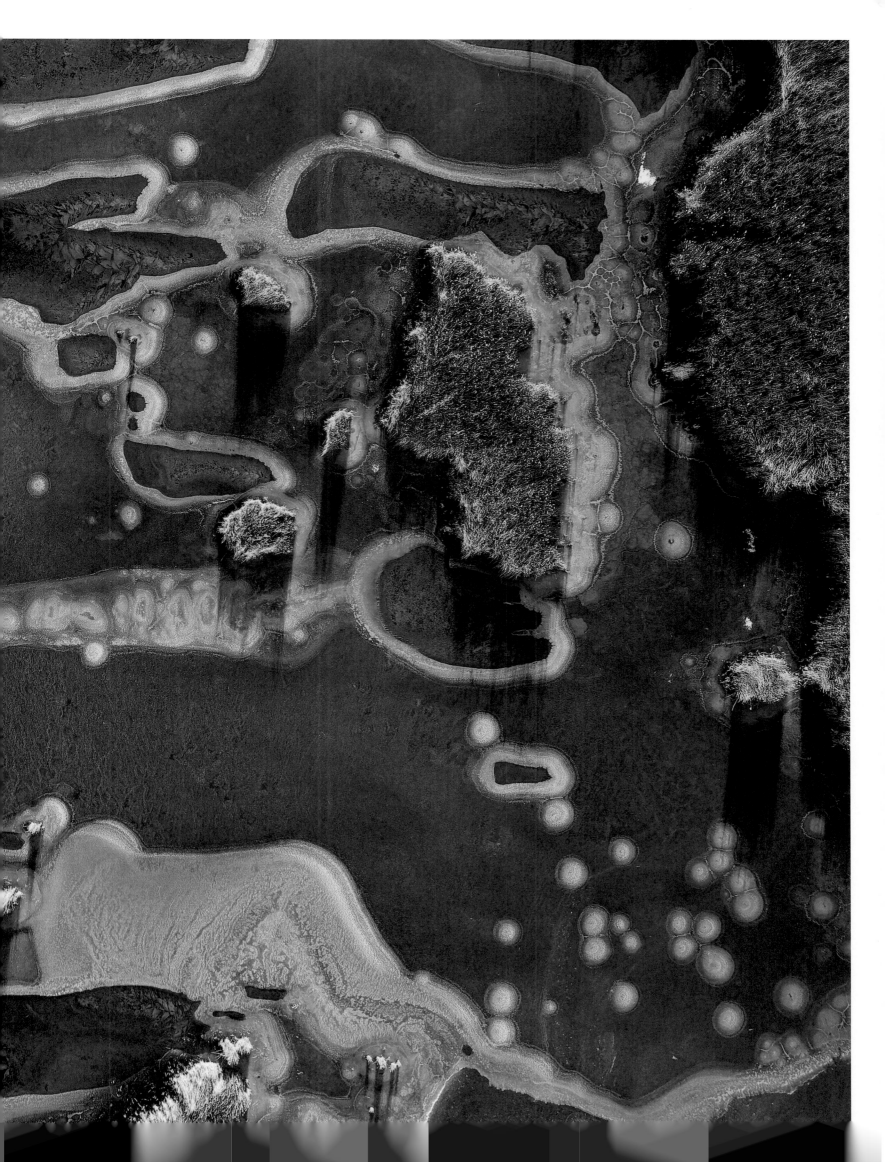

EDELKASTANIE

Fast könnte man sagen, die Edelkastanie wächst
in den Wäldern des Günser Gebirges wie Unkraut
(wenn man sie denn ließe).

Die sauren, porösen Böden hier sind besonders gut für die Bäume geeignet: Wo immer im Wald eine Lücke entsteht, sprießen daher Kastanienbäume ganz von allein.

Das mag heute die Förster ärgern, einst war das aber ein großer Vorteil für die Bauern hier: Bevor sich der Erdapfel in Europa durchsetzte, war die Frucht, die Edelkastanie, ein wichtiger Stärkelieferant. Die nahrhaften, vitaminreichen Früchte wurden meist für Pürees und Suppen verwendet oder zu besonderen Anlässen zu Süßspeisen wie Kipferln oder Kastanienreis verarbeitet. Auch das Holz der Bäume war höchst begehrt: Es ist eines der widerstandsfähigsten Hölzer überhaupt, weswegen es einst für Zaunpfähle oder zum Auskleiden von Stallungen genutzt wurde.

Frische Kastanien verderben schnell. Um die Früchte das ganze Jahr über haltbar zu machen, wurden sie entweder getrocknet oder ähnlich wie Kraut oder Rüben vergoren: Traditionell wurden sie dafür noch in den „Igeln", den stacheligen Schalen, zu Gärhaufen geschlichtet – die Säure der Milchsäurebakterien schützt sie vor dem Verfall.

Die ersten Kastanienbäume dürften entweder bereits mit den Römern oder etwas später mit Zisterziensermönchen aus Frankreich, die das Klostermarienberg besuchten, ins Mittelburgenland gekommen sein. In der Gegend um Liebing im Mittelburgenland stehen noch Bäume, die vor bis zu 700 Jahren gepflanzt wurden. Die größten haben einen Stammumfang von stolzen zwölf Metern.

Einst standen Kastanienbäume auf jeder Streuobstwiese. Im Herbst zogen die Bauern zudem in die Wälder, um wilde Kastanien zu sammeln. Die Früchte eines jeden Kastanienbaums schmecken ein wenig anders, und manche sind leichter, manche schwerer zu schälen. Oft gilt: je kleiner die Frucht, desto intensiver der Geschmack – und desto schwieriger die Verarbeitung. Erfahrene Sammler wissen genau, welche Bäume welche Früchte tragen.

Mit dem Verschwinden der alten Streuobstwiesen und dem Rückgang der Viehhaltung ist der Bestand daher in den vergangenen 80 Jahren massiv geschrumpft. Der Verein D'Kaestnklauba bemüht sich seit 17 Jahren um den Erhalt der Kastanien und der mit ihnen verbundenen Tradition. Seine Mitglieder verkaufen nicht nur Maroni aus Wildsammlung, sondern stellen aus ihnen auch allerlei verarbeitete Produkte her. In Klostermarienberg wird außerdem jedes Jahr am 26. Oktober ein großes Kastanienfest gefeiert.

STEPHAN PICHLER VOM VEREIN D'KAESTNKLAUBA VERANSTALTET JEDES JAHR IN KLOSTERMARIENBERG EIN GROSSES KASTANIENFEST.

163

KASTANIENKIPFERL

Rezept für 40 Stück

ZUTATEN

Für die Füllung
250 g Kastanienpüree (ungesüßt, 100 % Kastanien)
40 g Zucker (je nach gewünschter Süße mehr oder weniger
Zucker verwenden)
1 Packerl Vanillezucker
150 ml Schlagobers
Rum (nach Geschmack, kann auch weggelassen werden)

Für den Teig
500 g Weizenmehl
1/2 Würfel Germ
40 g Zucker
Salz
50 g weiche Butter
250 ml Milch
1 Ei
250 g kalte Butter zum Tourieren

ZUBEREITUNG

Füllung: Kastanienpüree mit Rum und ca. 50 ml des Schlagobers glattrühren, Zucker und Vanillezucker dazugeben und
fest verrühren. Nach Bedarf Schlagobers unterrühren. Es sollte
eine feste, cremige, formbare Masse entstehen. 10 Minuten
ziehen lassen. Sollte die Masse zu fest sein, noch etwas Schlagobers unterrühren.

Teig: Mehl in eine Rührschüssel geben, Germ hineinbröseln,
Zucker, Salz, 50 g Butter, Milch und Ei dazugeben und mit
dem Knethaken des Mixers zu einem glatten Teig verarbeiten.
Den Teig auf einer leicht bemehlten Arbeitsfläche noch einmal
kurz durchkneten und zu einem Rechteck von zirka 40 x 25 cm
ausrollen.
Die 250 g kalte Butter in Scheiben schneiden und eine Hälfte
der Teigplatte damit belegen, dabei am Rand ca. einen halben
Zentimeter frei lassen. Die andere Teighälfte darüberschlagen
und an den Rändern andrücken.
Die so entstandene Teigplatte wieder zu einem Rechteck von
ca. 40 x 25 cm ausrollen. Von den beiden kürzeren Seiten den
Teig so zur Mitte klappen, dass die Teigkanten aneinandersto-
ßen. Dann die beiden Seiten übereinanderschlagen. Dabei entstehen vier Teiglagen. Den Teig zugedeckt 30 Minuten in den
Kühlschrank legen. Diese Schritte ein- bis zweimal wiederholen.

Backrohr auf 185 Grad Ober- und Unterhitze vorheizen.
Den Teig auf einer leicht bemehlten Arbeitsfläche ca. 3 mm
dick ausrollen und in Quadrate schneiden. Die Quadrate mit
Kastanienfülle belegen, von einer Ecke her einrollen und zu
Kipferln formen. Zirka 20 Minuten goldbraun backen.

Überkühlen und, wenn gewünscht, mit Staubzucker bestreuen.

GEBACKEN UND GEGESSEN VON HERTA PICHLER, KLOSTERMARIENBERG.

165

AUS DEM FRISCHEN BLUT WURDE BEIM SAUTANZ GERN BLUTTOMMERL GEBACKEN, EINE ART BLUTSOUFLEE.

MARILLENBLÜTE.

KÜRBIS

Am Kürbis zeigt sich schön, wie eng das Burgenland historisch mit dem Balkan verbunden ist.

Während im Rest Österreichs Kürbisse einst vor allem als Schweinefutter galten, gab es hier schon lange eine ganz erstaunliche Vielfalt an Speisekürbissen. Diese verdankt sich vor allem den vielen Einwanderern aus Südosteuropa, die ihre Kürbiskultur mit in die neue Heimat brachten. Jene Sorten, die hier angebaut werden, sind dieselben wie in Ungarn, Serbien oder Bulgarien.

Bereits im Juni reifen hier die ersten Speisekürbisse, eine längliche weiße Variante, deren Schale wie bei allen Sommerkürbissen so dünn ist, dass sie mitgegessen werden kann. Sie werden meist geraspelt und als „Saurer Kürbis" als Zuspeise gegessen. Den ganzen Sommer über folgen Zucchini in großen Mengen, die gern mit Topfen und Rahm verkocht werden. Im Herbst reifen dann die Zentnerkürbisse (die charakteristischen, riesigen orangen und runden Exemplare) und, ganz wichtig, der Kürbiskönig des Burgenlands: der Ungarische Blaue.

Seine blaue Schale ist so dick und widerstandsfähig, dass er bei richtiger Lagerung leicht bis in den nächsten Frühling hinein frisch bleibt. Er schmeckt besonders intensiv, ein wenig karottig, jedenfalls sehr süß und wurde beziehungsweise wird oft im Rohr gebacken – etwa als Winteressen gemeinsam mit Fenchel oder mit Äpfeln.

Aber auch jene Kürbisse, die oft als Tierfutter verwendet werden, können köstlich sein, etwa der etwas abfällig benamste Schweinekürbis: Die Burgenlandkroaten im Mittelburgenland raspeln und salzen ihn, pressen ihn aus und backen ihn mit einem dünnen Teig belegt zu köstlichen Kürbisflecken. Die sind so gut, dass sie mittlerweile weitverbreitet sind.

Viele der alten Speisekürbissorten sind in den vergangenen Jahren selten geworden und wurden vom Modekürbis Hokkaido ein wenig zurückgedrängt. Josef Jugovits aus Schachendorf baut zahlreiche Kürbisraritäten – etwa den Ungarischen Blauen – aber nach wie vor mit viel Leidenschaft an.

JOSEF JUGOVITS BAUT AUF SEINEM HOF IN SCHACHENDORF KÜRBISSE IN BEEINDRUCKENDER VIELFALT AN.

169

BUČNJAKI

kroatischer Kürbisstrudel

Rezept für 2 Bleche

ZUTATEN

Für den Teig
400 g glattes Mehl
3 EL Pflanzenöl
250 ml warmes Wasser
Salz

Für die Füllung
1 große Zwiebel
Schmalz
1 kg Kürbis (am besten Schweinekürbis)
250 g grober Topfen
2—3 EL Sauerrahm
Salz
Frisch gemahlener schwarzer Pfeffer

ZUBEREITUNG

Teig: Mehl, Öl, Wasser und Salz zu einem Teig verkneten, mit etwas Öl bestreichen und etwa eine halbe Stunde zugedeckt rasten lassen.

Backrohr auf 180 Grad vorheizen.

Füllung: Die Zwiebel fein hacken und in etwas Schmalz glasig werden lassen. Den Kürbis reiben, gut salzen, 15 Minuten ziehen lassen und gut ausdrücken. Alle Zutaten gut vermischen.

Teig ausrollen und dünn ausziehen. Fülle etwa 2 Zentimeter dick darauf verteilen und Strudel einschlagen.

Im Rohr backen, bis er eine schöne Farbe genommen hat, etwa 30 Minuten.

GEBACKEN UND GEGESSEN VON ROMY PRANDLER, NIKITSCH.

171

DER GESCHMACK MEINER KINDHEIT

WENN ICH AN MEINE KINDHEIT DENKE, dann geht mir das kulinarische Herz auf. Meine Großeltern hatten einen Bauernhof, die halbe Verwandtschaft war im Weinbau tätig, zudem war mein geliebter Onkel Lorenz zusätzlich Imker, der mit seinen fleißigen Bienchen einen der besten Honige weit und breit produzierte. Die wahren Küchenheldinnen jedoch waren die Frauen in meiner Familie. Alle waren sie begnadete Köchinnen und Bäckerinnen. Nachhaltigkeit wurde großgeschrieben und gelebt, ohne viel darüber nachzudenken oder gar zu erahnen, dass unsere Lebensweise von damals die neue Ess- und Lifestylephilosophie von heute werden würde.

Es gab damals in den 70ern einen bestimmten Wochenplan. Fleisch, ganz selten Fisch, gab es zweimal die Woche. Die restlichen Tage aßen wir viel Gemüse und ehrten die böhmische Küche mit Strudeln und Knödeln, Powidltascherln und Buchteln mit Vanillesauce. Wir kochten und aßen, was die Natur uns schenkte, liebevoll gepflegt und geerntet von Oma, Mama und den begabten Tanten.

Jede Familie hatte ein kleines Gemüsebeet, Obstbäume und Beerenstauden im Garten, selbst im Weingarten. Dort reiften nicht nur die berühmten Trauben heran, viele Weinbäuerinnen hatten mittendrin auch Kirsch- oder Pfirsichbäume gepflanzt. Und ich rede nicht von Pfirsichen, ich spreche von Weingartenpfirsichen! Keine Ahnung warum, sie schmeckten einfach besser! War es die Erde, die das zarte Pfirsichbäumchen nährte, die enge, scheinbar symbiotische Nachbarschaft zum Zweigelt oder Riesling, ich weiß es nicht, aber ein Biss in einen reifen Pfirsich, wenn der Saft über die Finger rinnt und die Papillen

auf der Zunge einen Mulatschag vollführen, das lässt sich für mich mit nichts anderem vergleichen.

Wir ernteten Mirabellen, Himbeeren, Äpfel, Kirschen, Birnen, Marillen, Pfirsiche, Zwetschken, Holler, Ribiseln, Himbeeren, Maulbeeren, Walderdbeeren, Weichseln, Hagebutten, Weintrauben, Walnüsse, Haselnüsse, Mohn und Quitten, Letztere auch zur Zierde und wegen des Geruchs. Das Schlafzimmer meiner Großeltern roch nach Veilchen, Maiglöckchen und Quitten.

Erdbeeren brachte der Bruder meiner Mutter aus Wiesen mit. Er unterrichtete im nahegelegenen Gymnasium Mattersburg und versorgte uns mit den herrlichen, roten Früchten. Bis heute sind die Erdbeeren aus Wiesen die mit Abstand allerbesten auf der ganzen Welt. Wie man schon Monate vor der Erdbeersaison Beeren aus Spanien oder Italien kaufen kann, ist mir daher ein Rätsel!

Mandarinen waren etwas ganz Außergewöhnliches, es waren besondere Momente, wenn wir sie geschenkt bekamen. Meine Wiener Oma brachte sie aus der großen Stadt mit. Wenn die Tage kürzer, die Nächte kühler und der Nebel häufiger wurde, wenn die Blätter von den Bäumen gefallen waren, da spazierte sie beschwingt ins Haus, vollbepackt mit ihren Mandarinen. Diese kleinen, orangenen, süßen Früchte waren wie aus einer anderen Welt, weil nicht im Übermaß vorhanden.

Im Übermaß hingegen gab es Gemüse: Paradeiser, Paprika, Gurken, Bohnen, Fisolen, rote Rüben, Kraut, grünen Salat,

Spinat, Kürbis, Kartoffeln, Sellerie, Karotten, Petersilie, Pastinaken, Linsen, Kukuruz, Zwiebeln, Knoblauch, Sauerampfer, Spinat ... und ich mochte jedes Einzelne und die vielfältigen Gemüsevariationen, Salate, Ratatouille, gefüllte Paprika, Sterz und Suppen: Hühner-, Rind-, Erbsen-, Rahm-, Bohnen-, Einbrenn-, Gemüsesuppe mit Nockerln. Selbst die Ränder des Strudelteigs wurden in der Suppe verwertet, nichts wurde weggeschmissen! Apropos Strudel: Ich liebe sie bis heute, vor allem die pikanten. Richtig gut in Erinnerung blieben mir die Momente, in denen ich meine beiden Großmütter beim Strudelteigausziehen beobachtete. Da kann sich jeder italienische Pizzakoch etwas abschauen! Was die aufgeführt haben – der Teig durfte stundenlang ruhen, bevor es ans Eingemachte ging und er gezogen und geschwungen, aufgelegt und wieder auseinandergezogen wurde! Das war faszinierende Küchenakrobatik. Dann wurde der Tisch mit dem Strudel „gedeckt", die Ränder weiterverarbeitet, der Teig gefüllt mit dem, was da war: Erdäpfeln, Kraut, Bohnen, Kürbis oder süß mit Äpfeln, Rosinen, Topfen oder Weintrauben, Kirschen, Nüssen oder Mohn. Mohn wurde übrigens auch angebaut. Den gab es nur mit weißen Blüten und nicht so prächtigen wie die roten. Wo sind die vielen rot strahlenden Mohnwiesen nur hin? Überhaupt gab es so viele Blumenwiesen! Ich vermisse sie schmerzlich.

Selbst die Weingärten werden heute weniger. Das Erzeugen des Weins war Sache der Männer in der Familie. Der Traubensaft wurde von den Onkeln in modrigen Kellern in riesigen Fässern gekeltert. Gut, den Wein habe ich als Kind nicht getrunken, aber ich war dabei, wenn er zum Leben erweckt wurde. Überhaupt war die Weinlese ein Fest. Ein Spaß, eine Freude und ein Tanz, ein Abenteuer für uns Kinder! Am Ende des Tages pickten nicht nur unsere Hände vom Saft der Trauben, wir waren lauter kleine, klebrige Weingartenmonsterchen.

Brot wurde übrigens auch selbst gemacht. Neulich war ich wieder mal zu Besuch im Südburgenland. Alan, der englische Mann meiner Freundin, der Krimiautorin Martina Parker, macht Brot tatsächlich noch selbst, das sogar ein bisschen so wie das meiner Oma schmeckt. Was soll ich Ihnen sagen? Ich bin gerne dort zu Besuch!

Wir lebten nachhaltig, uns ging nichts ab. Wohl deshalb geht man heute diese Schritte zurück und besinnt sich der alten Werte und Traditionen. Die Adjektive „Regional", „Saisonal" und „Bio" werden Gott sei Dank wieder großgeschrieben. Wer etwas auf sich hält, kauft richtig gute Qualität – weniger, dafür hochwertig. Convenience- oder Fast-Food-Produkte würde man wohl nicht essen, wenn man wüsste, was da alles drin ist.

Was ich fast vergessen hätte: die herrliche burgenländische Weihnachts- und Hochzeitsbäckerei. Das ist aber ein eigenes Kapitel. Vielleicht sollte ich mal ein echtes burgenländisches „O-Mama-Plätzchenbuch" gemeinsam mit den begabten Frauen der Familie und dem Max Stiegl herausgeben. Bis dahin träume ich weiter von meiner lukullischen Kindheit und den kulinarischen Küchenkreationen meiner Mama – und den talentierten Tanten.

Barbara Karlich

ANHÄNGER FÜR DIE ERNTE UND DIE ERNTEHELFER.

176

SÜDEN.

177

STREUOBST

Er mag zwar Steirischer Maschanzker heißen, fühlt sich aber im Südburgenland mindestens genauso wohl.

In der Gegend um Hochkogel im Bezirk Jennersdorf war der Maschanzker-Apfel lange die begehrteste Sorte, weil sein Most wegen des guten Säure-Zucker-Verhältnisses als der Allerbeste galt. Die Südburgenländer müssen es wissen: Most war hier traditionell das wichtigste Getränk, bis ihm das Bier in der zweiten Hälfte des 20. Jahrhunderts langsam den Rang abgelaufen hat.

Das Südburgenland war immer schon ein Obstland – neben Äpfeln, der wichtigsten Sorte, fanden sich stets auch Mostbirnen in den Gärten. Das Obst half den Bauern einst bei der Selbstversorgung: Es wurde frisch gegessen, zu Most und Essig vergoren, zu Marmelade verkocht oder getrocknet und so als wichtige Vitaminquelle für den Winter haltbar gemacht. Weil Zucker rar und teuer war, wurden Bäckereien gern mit Dörrobst gesüßt, etwa das winterliche Kletzenbrot. Die besonders schönen Früchte wurden in Fässer gepackt und in den großen Städten verkauft – Äpfel aus dem Südburgenland kamen bis nach Budapest.

BIs in die 1970er-Jahre wurde Obst hier nicht sortenrein auf Plantagen angebaut, sondern auf Streuobstwiesen, die hinter den Bauernhäusern oder am Ortsrand angelegt wurden. Hier wachsen die verschiedensten Sorten wild durcheinander – die Mischkultur schützt die Bäume vor Schädlingen und sieht außerdem prächtig aus.

Unter den Bäumen können Schafe und Ziegen weiden, Hühner picken, und das Gras kann als Futter für die Tiere gemäht werden. Weil die Bäume nur wenig geschnitten werden und prächtige Kronen entwickeln, ist deren Kultur weniger arbeitsintensiv. Geschmack und Erträge sind sehr gut, die Früchte allerdings optisch nicht so makellos wie jene aus modernen Monokulturen – sie eignen sich daher eher zur Verarbeitung, frisch gegessen werden sie eher selten.

Der berühmte Maschanzker ist bei weitem nicht die einzige Sorte. Brigitte Gerger hat bereits mehr als 300 lokale Apfel- und Birnensorten in ihrer Gegend dokumentiert. Sie kümmert sich mit dem Verein Wieseninitiative um den Erhalt alter Streuobstwiesen. Rund ein Viertel der alten Wiesen, schätzt sie, sind heute noch erhalten. Zwar kommt es noch nicht zu einer Verbreitung der Wiesen, Gerger und ihr Verein haben es aber geschafft, deren Rückgang zu bremsen.

Gergers Lieblingsapfelsorte ist übrigens der Siebenschläfer, eine säuerliche Sorte. Sie heißt so, weil sie als Allerletzte im Frühling erwacht und blüht – ein sicherer Schutz gegen den späten Frost in der Gegend.

BRIGITTE GERGER KÜMMERT SICH IN BURGAUBERG MIT DEM VEREIN WIESENINITATIVE DARUM, DASS DIE WUNDERSCHÖNEN STREUOBSTWIESEN DES BURGENLANDS NICHT VERSCHWINDEN.

179

KLETZENBROT

Rezept für 2 Brote

ZUTATEN

Für den Früchteansatz
200 ml Rum
300 g gedörrte Birnen (Kletzen)
300 g gedörrte Zwetschken
150 g gedörrte Marillen
150 g gedörrte Feigen
30 g Rosinen
50 g gehackte Haselnüsse
50 g gehackte Walnüsse
1/2 TL Zimt

Für den Teig
250 g Roggenmehl
150 g glattes Weizenmehl
1 Würfel frischer Germ
1 TL Salz
1 TL Brotgewürz (oder je eine gute Prise
gemahlener Fenchelsamen, Anis, Kümmel und Kardamom)
1 TL Staubzucker
250 ml lauwarmes Wasser

ZUBEREITUNG

Früchteansatz: die gedörrten Birnen über Nacht in Wasser einweichen. Am nächsten Tag alle Früchte kleinwürfelig schneiden, mit Rum, gehackten Nüssen und Zimt vermengen und bei Raumtemperatur stehen lassen, bis der Rum von den Früchten vollständig aufgesogen ist.

Teig: Roggen- und Weizenmehl vermischen und im Mehlhaufen eine Mulde formen. Germwürfel hineinbröckeln, Salz, Brotgewürz und Staubzucker hinzugeben. Lauwarmes Wasser in die Mitte gießen und ein paar Minuten stehen lassen, bis der Germ aufgelöst ist. Nach und nach das Wasser mit dem Mehl vermengen und zu einem glatten Teig kneten. Den fertigen Teig zugedeckt bei Raumtemperatur aufgehen lassen. Nach zirka. 30 Minuten sollte sich der Teig verdoppelt haben. Dann den Teig nochmals durchkneten und erneut für ca. 15 Minuten aufgehen lassen. Dann wieder kurz durchkneten und in zwei gleich große Hälften teilen.

Den Früchteansatz ebenso in zwei Hälften teilen. Das Backrohr auf 180 Grad Ober- und Unterhitze vorheizen.

Nun den Teig ausrollen und den Früchteansatz darauf verteilen und alles gut miteinander verkneten. Die Masse zu einem Stollen formen und in Mehl wälzen. Die zwei Stollen auf ein mit Backpapier belegtes Backblech legen und nochmals kurz ruhen lassen. Kurz bevor sie in den Backofen geschoben werden, mit Wasser bestreichen, damit sich eine schöne Kruste bildet. Etwa eine Stunde backen.

Tipp: Das fertige Kletzenbrot in eine gut verschließbare Dose geben und durchziehen lassen, damit es besonders saftig bleibt, je länger, desto besser. Das Brot ist mehrere Wochen haltbar.

GEBACKEN UND GEGESSEN VON SONJA KRISPEL, ZEMENDORF.

181

KIRSCHBLÜTE IN KITTSEE. DAS BURGENLÄNDISCHE ÄQUIVALENT ZUR KIRSCHBLÜTE IN KIOTO.

TAUBE

Es ist schwer vorstellbar,
aber die Taube war tatsächlich einst ein Arme-Leute-Essen.

Überall dort, wo Korn angebaut wurde – sei es Kukuruz, Weizen oder Hirse –, stand meist auch ein Taubenkobel auf dem Hof. Die genügsamen Tiere bedienten sich selbst auf den Feldern und fraßen nach der Ernte die Reste. Wenn sie fett und groß genug waren, wurden sie geschlachtet.

Das geht bei Tauben besonders schnell: In nur vier Wochen erreichen sie ihr Schlachtgewicht. Und weil sie dann gerade erst flügge geworden sind, also ihre Flügel noch kaum benutzt haben, ist ihr Fleisch umwerfend zart. Ein glückliches Taubenpaar schafft es zudem, bis zu 16 Taubenjunge pro Jahr aufzuziehen – ein Traum in einer Zeit, in der Fleisch rarer Luxus war.

Tauben dürften die ersten Vögel überhaupt gewesen sein, die vom Menschen domestiziert wurden. Bereits vor 5.000 Jahren wurde sie in Mesopotamien gehalten. Die Speisetauben gehören zur selben Taubenart wie die Stadttauben: den Felsentauben (Columba livia). Allerdings ist ihr Gefieder viel farbenprächtiger, als Großstadtbewohner vermuten würden: Das Farbspektrum ihres Federkleids reicht vom bekannten Graublau über Braun, Gelb, Rot und Schneeweiß.

Warum die Taube heute fast komplett aus dem Burgenland verschwunden sind, ist schwer nachvollziehbar – gehört sie doch zum allerschmackhaftesten Geflügel und wird bevorzugt in der Spitzengastronomie serviert. In Österreich kommt meist Importware aus Frankreich auf den Teller.

Gerhard Methagl will das ändern: Der gebürtige Vorarlberger hat mit der Taubenzucht für Schönheitswettbewerbe begonnen, die weniger schönen Tiere hat er selbst verspeist. Seit ein paar Jahren hat er sich in Deutsch Tschantschendorf im Südburgenland auf die Speisetaubenzucht spezialisiert. Spitzenköche wie Heinz Reitbauer vom Steirereck oder Alain Weisgerber vom Taubenkobel in Schützen reißen sich um die artgerecht gehaltenen, heimischen Tiere.

GERHARD METHAGL BETREIBT IN DEUTSCH TSCHANTSCHENDORF DIE EINZIGE SPEISETAUBENZUCHT IM DEUTSCHSPRACHIGEN RAUM.

185

TAUBE, ROTE RÜBE, GRIESSKNÖDEL

Rezept für 4 Personen

ZUTATEN

4 Tauben, küchenfertig (1 Taube pro Person)
1 kg Rote Rüben
Maisstärke
Öl zum Anbraten
Salz, Zucker, Pfeffer

Für die Grießknödel
125 g Weizengrieß
50 g Butter
250 ml Milch
2 Eier
Salz, Muskatnuss

ZUBEREITUNG

Milch mit Butter, Salz und Muskatnuss in einem Topf aufkochen. Den Grieß unter ständigem Rühren einfließen lassen, bis sich die Masse löst. Dann die Eier unterrühren und die Masse etwa 15 Minuten ruhen lassen. Aus der Masse Knödel formen und in siedendem Salzwasser ungefähr 10 Minuten ziehen lassen.

200 g Rote Rüben schälen und entsaften. Den Saft aufkochen, mit Zucker und Salz abschmecken und mit Maisstärke leicht binden. Die restlichen Roten Rüben bissfest kochen und schälen. In etwas Butter schwenken und salzen.

Die Tauben zerlegen. Brust und Haxerl zur Seite geben. Karkassen in der Pfanne in etwas heißem Öl kurz anrösten, bis sie eine schöne Farbe angenommen haben. Mit Sherry ablöschen, mit Wasser bedecken und eine Stunde köcheln lassen. Abseihen und auf etwa 100 ml reduzieren.
Haxerl mit Salz würzen und sehr knusprig anbraten, danach herausnehmen. Die Brüste nur mit Salz würzen und bei sehr hoher Hitze auf der Hautseite anbraten. Beim Braten die Brüste beschweren, sonst drehen sie sich auf, und die Haut wird nicht knusprig! Auf der Hautseite ca. 1 Minute und auf der anderen Seite nur 30 Sekunden braten. Danach im warmen Ofen bei 80 Grad garziehen lassen, etwa fünf Minuten.

Knödel, Rote Rüben und Taube auf dem Teller arrangieren. Den Jus erwärmen, kalte Butter einrühren, bis er bindet, und bei Tisch über das Fleisch gießen!

GEBACKEN UND GEGESSEN VON ANNA MARIA LEUSCHEN AUS NIKITSCH.

187

WEINTRAUBEN.

188

HASENTRAUBE.

189

UHUDLER

Zahlreiche Burgenländer haben einst in der schlechten alten Zeit ihre Heimat verlassen und ihr Glück in den USA gesucht und gefunden. Mit dem Uhudler ist es genau umgekehrt.

Ursprünglich aus den USA stammend, wurde er erst im Südburgenland so richtig erfolgreich. Uhudler wird aus Trauben von autochthonen nordamerikanischen Reben wie Delaware, Isabella oder Concord, den nordamerikanischen Verwandten europäischer Weinsorten wie Chardonnay oder Pinot noir, gekeltert. Zwar hatten schon die ersten Siedler die Trauben ihrer neuen Heimat entdeckt, daraus hergestellter Wein konnte sich aber nicht recht durchsetzen: Zu seltsam waren der markante Geschmack nach Wald-erdbeeren und die kräftige Säure für die europäisch geprägten Gaumen.

Die Stunde der amerikanischen Reben schlug erst, als die Reblaus im späten 19. Jahrhundert begonnen hatte, die europäischen Reben zu vernichten – die amerikanischen Wurzeln waren nämlich immun gegen den schrecklichen Schädling. Die meisten europäischen Winzer nutzten die amerikanischen Reben, um ihre alten, vertrauten Rebsorten auf diese Wurzeln aufzupfropfen und zu veredeln, ganz so, wie Obstbauern von jeher verschiedene Apfelsorten (oder gar sowohl Äpfel als auch Birnen) auf einem Baumstamm wachsen lassen.

Die Südburgenländer aber kamen auf den Geschmack der amerikanischen Trauben, die auf den unveredelten Stöcken wuchsen. Die Anbaufläche wurde von Jahr zu Jahr größer, und der Wein, der aus ihnen gewonnen wurde, wurde immer beliebter.

So beliebt, dass sich traditionelle Winzer bedroht fühlten und (so erzählen es Uhudler-Fans) üble Propaganda gegen den neuen Wein einsetzte.

„Die spezifischen Giftwirkungen sind: Zorn-Exzesse bei Männern, Hysterie bei Frauen, Neigung zu Halluzinationen, geistige und körperliche Degenerationserscheinungen bei Kindern (...)", stand in einem Lehrbuch aus den 1920er-Jahren des berühmten Önologen und überzeugten Nationalsozialisten Dr. Fritz Zweigelt zu lesen. „Dass Leute, die regelmäßig Noahwein (ein Uhudler-Weißwein, Anm.) trinken, eine fahle, blasse Gesichtsfarbe bekommen, am ganzen Körper zittern und dahinsiechen, während Bauern mit veredelten Weingärten kinderreiche Familien haben, gesund und arbeitsam sind (...)." Es folgte zuerst ein Verkaufs- und schließlich ein generelles Anbauverbot.

Das hielt die Südburgenländer natürlich nicht davon ab, weiterhin ihren geliebten Wein im eigenen Keller als illegalen Haustrunk zu keltern – im Gegenteil, es half mit, aus dem Uhudler mit den Jahren eine Art Nationalgetränk zu machen. Aus dem einstigen Outlaw ist ein Getränk mit geschützter Herkunftsbezeichnung geworden. Winzer Hansi Wolf hat sich besonders verdient gemacht um den Uhudler. Was er aus den Trauben herausholt, kann man in seiner Buschenschank in der Uhudler-Hauptstadt Heiligenbrunn kosten.

HANSI WOLF KELTERT UHUDLER IN HEILIGENBRUNN.

191

BERNSTEINER UHUDLERTORTE

Rezept für 1 Torte

ZUTATEN

150 g Mehl
150 g Zucker
150 g Butter
150 g geriebene Mandeln
1 Ei
Zimt
Nelkenpulver

1 Ei zum Bestreichen
Ca. 300 g Uhudlermarmelade für die Füllung
125 g Mandelblätter zum Bestreuen

ZUBEREITUNG

Backrohr auf 180 Grad vorheizen.
Aus allen Zutaten mit der Küchenmaschine einen Teig rühren.
Zwei Drittel der Masse gleichmäßig in einer gebutterten Torten-
form von 28 cm Durchmesser verteilen.

Mit Marmelade bestreichen, danach mit dem Restteig aus dem
Spritzsack ein Karomuster aufspritzen.
Mit verquirltem Ei bestreichen und mit den Mandelblättchen
bestreuen.

Bei 180 Grad ca. 45 Minuten backen.

GEBACKEN UND GEGESSEN VON BURGHERR ERASMUS ALMÁSY, BURG BERNSTEIN.

193

ERDÄPFELERNTE.

ZUM GLÜCK GIBT ES FELIX

DIE KONSERVEN HALFEN MIT, DASS ES VIELEN BURGENLÄNDERN AB DEN 1960ER-JAHREN BESSER GING. Die Geschichte von Felix Austria ist ähnlich vielseitig wie das Burgenland. Sie handelt von einem Mitglied der jüdischen Oberschicht des multikulturellen Habsburgerreichs, das nach Schweden fliehen musste und danach im neuen Österreich höchst erfolgreich wurde – und zwar auch dank des Gemüses, das Bulgaren im Seewinkel anbauten. Diese Geschichte hat das Burgenland geprägt, den österreichischen Geschmack und das Leben meiner Familie. Und sie geht in etwa so:

Herbert Felix, der Unternehmensgründer, wurde 1908 als Sohn einer deutschsprachigen jüdischen Familie aus Znaim, die schon seit Generationen auf das Einlegen von Gurken spezialisiert war, geboren. Nachdem er vor den Nazis nach Schweden flüchten konnte (seine Eltern und sein jüngerer Bruder wurden in Auschwitz ermordet), baute Felix in seiner neuen Heimat eine Konservenfabrik und wurde damit höchst erfolgreich: Neben eingelegten Gurkerln hatte er bald auch moderne Produkte wie Instantkartoffelpüree und Ketchup im Programm.

Inzwischen war Felix' Cousin Bruno Kreisky in Österreich Staatssekretär und danach Außenminister geworden. Kreisky überzeugte seinen emigrierten Verwandten davon, in Österreich zu investieren und eine neue Felix-Produktionsstätte zu bauen. 1961 wurde die Fabrik in Mattersburg im Burgenland, dem neuesten und ärmsten Bundesland Österreichs, eröffnet und erwies sich als Gewinn für alle Beteiligten – obwohl sie anfangs finanzielle Verluste schrieb.

Für Felix war es die perfekte Lage. Er fand im armen Burgenland gute Arbeiter für seine Fabrik und konnte ganz in der Nähe günstiges, hochwertiges Gemüse kaufen: einerseits in Ungarn, wo schon seit Jahrzehnten für den österreichischen Markt produziert wurde, andererseits im nahen Seewinkel, wo seit den 1940er-Jahren im großen Stil Gemüse angebaut wurde. Bald galt der Seewinkel als Gemüsegarten Österreichs.

Begonnen haben diese Erfolgsgeschichte Bulgaren, die nach dem Krieg hier gelandet waren: Sie erkannten das Potenzial der Gegend für den Paprikaanbau, eröffneten die ersten großen Gärtnereien und brachten der lokalen Bevölkerung den Gemüseanbau bei. Aber das ist eine andere Geschichte.

Für Bruno Kreisky bedeutete die Fabrik, dass aus Kleinbauern mit der Zeit rot wählende Arbeiter wurden. Und für Mattersburg wurden mit der Eröffnung 600 fixe Arbeitsplätze geschaffen – in der Hochsaison, im Sommer, sogar deutlich mehr.

Es gab zum ersten Mal echte Doppelverdiener, Mann und Frau konnten beschäftigt werden. Oft blieb der Mann in der Landwirtschaft, und die Frau arbeitete bei Felix als Schicht-

Herbert Felix mit seinem Cousin Bruno Kreisky und dessen Ehefrau Vera in Südschweden, 1970 (Archiv: Bilder i Syd AB)

arbeiterin. Dieser Umstand bewirkte einen deutlichen Einkommensanstieg und verbesserte die sozioökonomische Situation von sehr vielen Familien.

Meine Familie war eine davon: Mein Vater, ein kleiner Landwirt, begann gleich nach der Eröffnung in der Fabrik zu arbeiten, weil seine Landwirtschaft nach dem Krieg nicht mehr genug zum Leben abgeworfen hatte. „Er geht in die Felix", wie wir es nannten, und nachher ging er als Nebenerwerbslandwirt noch aufs Feld. Vor allem im Sommer, während der Getreideernte, war das hart. Wäre er nach Wien gegangen, hätte er vielleicht mehr verdient. So aber blieb ihm das typische Schicksal des Burgenländers erspart, das Pendeln. „Von der Felix" brauchte er fünf Minuten nach Hause.

Ich selbst arbeitete im Sommer in den Schulferien in der Fabrik wie zahlreiche andere junge Leute aus der Gegend auch. Während die Burschen das Erbsenstroh auf Lastwagen geladen hatten, standen die Mädchen am Band und klaubten Erbsen oder drückten gefüllte Paprika in die Dosen – und bekamen dafür pro Stunde 50 Groschen weniger als ihre männlichen Kollegen! Acht Stunden das Gleiche zu tun war manchmal ganz schön monoton. Später habe ich gemerkt, es hat auch seine Vorteile: Dein Kopf gehört bei dieser Art der Arbeit dir und nicht der Firma. Und ich konnte mir nach nur einem Monat ein eigenes Fahrrad kaufen.

Die Fabrik und Felix sollten aber nicht nur meine Familie und das Burgenland prägen, sondern den Geschmack von Generationen von Österreichern. Die Konserven waren höchst erfolgreich, weil sie immer noch eine der besten Möglichkeiten darstellten, um Lebensmittel haltbar zu machen. Bis weit in die 1950er-Jahre, im Burgenland sogar noch länger, war ein „Eis"-Kasten für den Großteil der Bevölkerung ein absoluter Luxus.

Felix' größter Coup gelang ihm wohl mit dem Ketchup in der Plastikflasche: In Schweden und Österreich hat es immer noch einen Bekanntheitsgrad von unglaublichen 90 Prozent, und auch die diversen Sugos und Fertiggerichte sind in jedem österreichischen Supermarkt zu finden.

1973 ist Herbert Felix nach schwerer Krankheit gestorben. Sein geistiges Erbe und die Fabrik aber bestehen bis heute.

Die ganze Geschichte der Felix Austria gibt es nachzulesen in „Zum Glück gibt es Felix! Das Flüchtlingsschicksal des Industriepioniers Herbert Felix". Herausgeber: Gertrude Andersson-Reisner, Walter Reiss, Eduard Sieber. edition lex liszt, erschienen 2018. Das Buch (im Original „Konservkungen") von Per T. Ohlsson ist 2006 in Schweden erschienen.

Gerti Andersson

DER HOLLER FÜHLT SICH WOHL IM BURGENLAND.

198

SCHAFE HELFEN MITTLERWEILE AUCH IN BURGENLÄNDISCHEN WEINGÄRTEN BEIM GRÜNSCHNITT.

199

GANS

Es ist noch gar nicht so lange her, da lebten im Burgenland deutlich mehr Gänse als Menschen.

Frauenkirchen im Seewinkel etwa hatte zu Beginn des 20. Jahrhunderts etwa 4.000 Einwohner – und 20.000 Gänse. Es gab kaum ein Haus ohne schnatterndes Federvieh. In der Früh wurden die Vögel aus den Ställen gelassen und gingen oft ohne Aufsicht auf die Weiden. Am Abend kehrte jede Gans in das ihr angestammte Haus zurück.

Gehalten wurden sie weniger für ihr Fleisch – dafür wachsen Gänse zu langsam und fressen zu viel, weswegen Gänsebraten auch heute noch vergleichsweise teuer sind. Viel interessanter waren ihre Federn: Die Daunen der Tiere wurden gewinnbringend vor allem nach Wien verkauft, wo sie in Kissen und Bettdecken landeten.

Nur große Bauern und reiche Bürger gönnten sich hin und wieder eine junge Gans als Festtagsbraten. Weniger Glückliche kamen höchstens nach der Weinlese in den Genuss, wenn traditionell eine „Pressgans" für alle aufgetischt wurde. Genauso wie die ebenfalls sehr wertvollen Hühner wurde sie gern mit Semmeln und eventuell Kräutern und Gewürzen gefüllt, um den Braten noch ergiebiger zu machen.

Die einsetzende Massentierhaltung und industrielle Gänsezucht, vor allem in Osteuropa, bereitete dem Gänsetreiben (fast) ein Ende. Ende der 1990er-Jahre gab es kaum noch Gänsezüchter im Burgenland – in den vergangenen zwei Jahrzehnten ist sie aber wieder langsam zurückgekehrt. Um Martini, den Tag des burgenländischen Landesheiligen, pilgern mittlerweile tausende hungrige Touristen ins Burgenland, um den jungen Wein zu kosten und Gänse zu schmausen.

Vor allem im Südburgenland ist die Weideganshaltung zu einem wichtigen Wirtschaftszweig geworden. Siegfried Marth aus Hagensdorf ist dort für seine fantastischen Weidegänse bekannt. Das ganze Jahr über dürfen die Tiere auf der Weide ihr Leben genießen, bevor sie am eigenen Schlachthof möglichst stressfrei geschlachtet werden. Zu kaufen gibt es die frischen Gänse nur im Herbst und Winter, im Rest des Jahres gibt es verarbeitete Gänseprodukte.

SIEGFRIED MARTH HÄLT IN HAGERSDORF GLÜCKLICHE WEIDEGÄNSE.

201

GEFÜLLTE GANS

Rezept für 4 Personen

ZUTATEN

1 Gans, küchenfertig
1 Apfel
Suppengemüse
Salz
Frisch gemahlener schwarzer Pfeffer
2 EL Majoran
1 EL Kümmel (gemahlen)
2 El Honig
1 TL Maizena (optional)

ZUBEREITUNG

Das Backrohr auf 200 Grad Umluft vorheizen.

Die Gans gut trockentupfen. Alle Gewürze gut mischen und die Gans damit außen und innen gut einreiben. Mit Herz, Magen, Leber, Kragen und einem Apfel füllen und mit Küchengarn zubinden oder -nähen.

Zwei Finger hoch Wasser in eine tiefe Bratpfanne füllen. Die Backofentemperatur auf 170 Grad zurückdrehen. Die Gans mit der Brust nach unten in die Pfanne legen und etwa 45 Minuten im Rohr braten.

Umdrehen, Gemüse um die Gans verteilen und braten, bis sie gar ist. Man rechnet pro Kilo Gans etwa 50 Minuten Backzeit. Während des Bratens die Gans immer wieder mit dem Saft übergießen. Bei Bedarf mehr Wasser angießen.

Kurz vor Ende der Bratzeit die Gans herausnehmen, mit etwas Honig einreiben, auf 200 Grad Oberhitze schalten und schön braun werden lassen.

Die Gans aus dem Rohr nehmen und an einem warmen Ort rasten lassen. Währenddessen das Gemüse mit dem Saft passieren und eventuell mit etwas Maizena binden. Abschmecken.

Ganz nach Belieben mit Serviettenknödeln, Rotkraut, Reis oder Erdäpfelknödeln servieren.

GEFÜLLT, GEBRATEN UND GEGESSEN VON ROSEMARIE ANDERT, PAMHAGEN.

203

ENTENFAMILIE.

204

EINST WURDEN DIE GÄNSE EHER ALS DAUNENSPENDER GEHALTEN, DENN ALS SPEISETIER.

205

BREINWURST

Die Breinwurst ist ein kulinarisches Denkmal an die bäuerliche Kunst, wirklich alles vom Tier zu verwerten – obwohl sie in traditioneller Machart kaum Fleisch enthielt.

Sie bestand einst fast ausschließlich aus gekochter Hirse, Buchweizen und/oder Rollgerste, dem sogenannten Brein. Das Getreide wurde am Schlachttag in jener Suppe eingeweicht und gekocht, in der zuvor der Kopf, Füße, Schwarten und Würste gegart wurden oder der Speck überbrüht wurde, und dann per Wurstspritze in die Därme gefüllt. Der aromatische, kräftigende Sud durfte schließlich nicht verlorengehen.

Wenn auch nur wenig Fleisch den Weg in die Breinwurst fand, dann waren es jene Stücke, die nach dem Auskochen von den Knochen gelöst wurden, oder ein wenig faschierte Lunge, geschabte Milz oder andere Innereien. Gewürzt wurden sie mit Salz, Pfeffer und Majoran. Wurde etwas Blut zum Getreide gemischt, gab es eine „schwarze Breinwurst". Die fertigen Würste wurden überbrüht und dann maximal zwei Wochen kühl gelagert, bevor sie gebraten und mit Sauerkraut genossen wurden.

Obwohl die Zeiten viel besser geworden sind, wird sie im Südburgenland immer noch geschätzt und in vielen Haushalten zumindest einmal im Jahr selbst gemacht. Die Rezeptur hat sich allerdings ein wenig geändert: Mittlerweile wird deutlich mehr Fleisch für die Wurst verarbeitet, und auch edle Wurstteile wie Kopffleisch und Schulter werden heute verwendet.

Andreas Novy in Windisch-Minihof ist im Südburgenland bekannt für seine köstlichen Breinwürste. Er fertigt sie mit gar stolzen 60 Prozent Fleisch. Seine Familie genießt sie, auch das ist ungewöhnlich, gern mit Apfelpüree.

ANDREAS NOVY MACHT IN WINDISCH-MINIHOF FANTASTISCHE BREINWÜRSTE.

207

BREINWURST

Rezept für ein mittelgroßes Schlachtfest

ZUBEREITUNG

Alle Zutaten für die Wurst gut vermengen und kneten, bis sich eine homogene Masse gebildet hat. Mit einer Wurstspritze in den Dünndarm füllen und zur gewünschten Größe abbinden. In 90 Grad heißem Wasser etwa 30 Minuten sieden lassen. Herausnehmen und komplett auskühlen lassen.

Backrohr auf 160 Grad vorheizen. Wurst langsam darin backen, bis sie außen knusprig ist und innen gut durchgewärmt. Mit Sauerkraut oder Apfelkompott servieren.

ZUTATEN

4 kg Kopffleisch vom Schwein, gekocht, durch die 8-mm-Scheibe faschiert
1 kg Schwarte vom Schwein, gekocht, durch die 8-mm-Scheibe faschiert
700 g Reis, gedünstet
700 g Rollgerste, kernig gekocht
700 g Buchweizen, kernig gekocht
1/2 l Kopf- und Schwartenkochwasser
50 g Majoran
150 g Knoblauch, fein gehackt
20 g Salz pro kg Wurstmasse
50 g Pfeffer
Schweinsdünndarm, gut geputzt, zum Abfüllen

Apfelkompott oder Sauerkraut zum Servieren

GEKOCHT UND GEGESSEN VON GERTRUD NOVY, WINDISCH-MINIHOF.

209

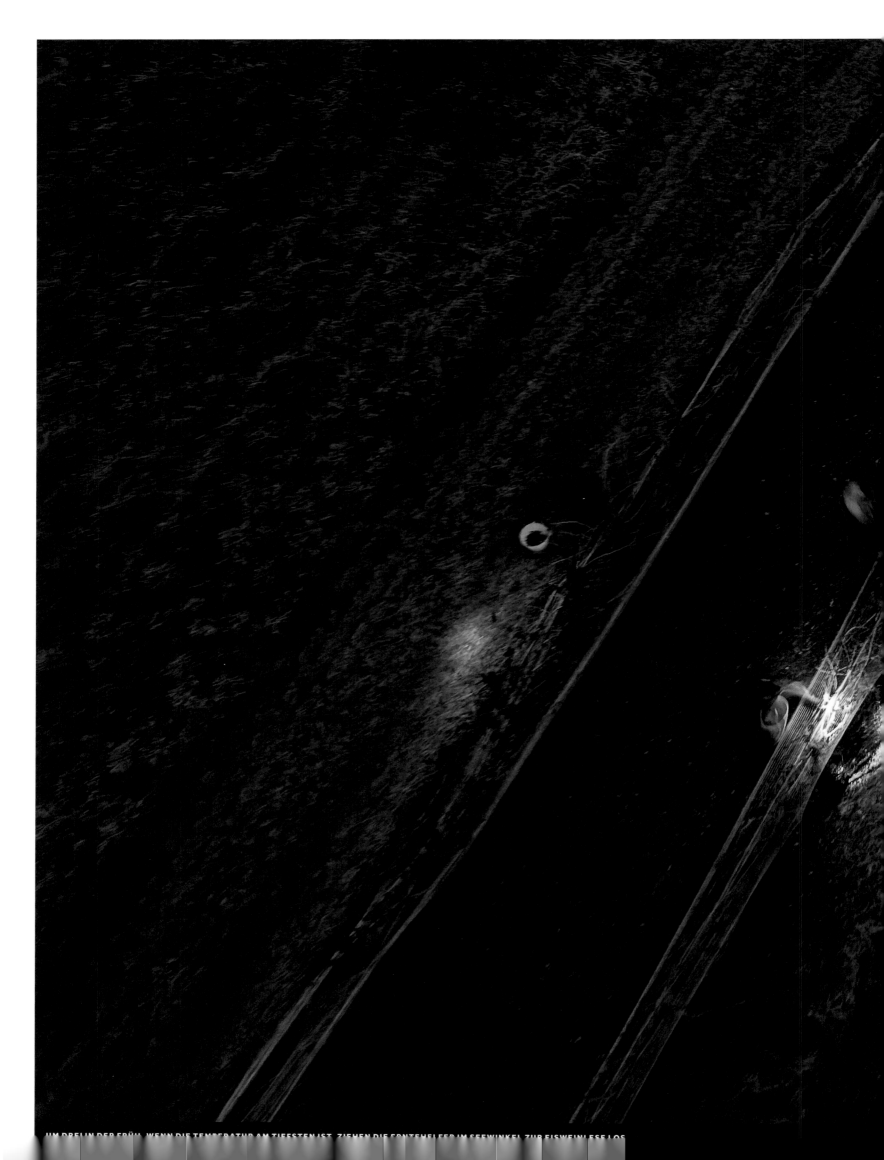

UM DREI IN DER FRÜH, WENN DIE TEMPERATUR AM TIEFSTEN IST, ZIEHEN DIE ERNTEHELFER IM SEEWINKEL ZUR EISWEINLESE LOS.

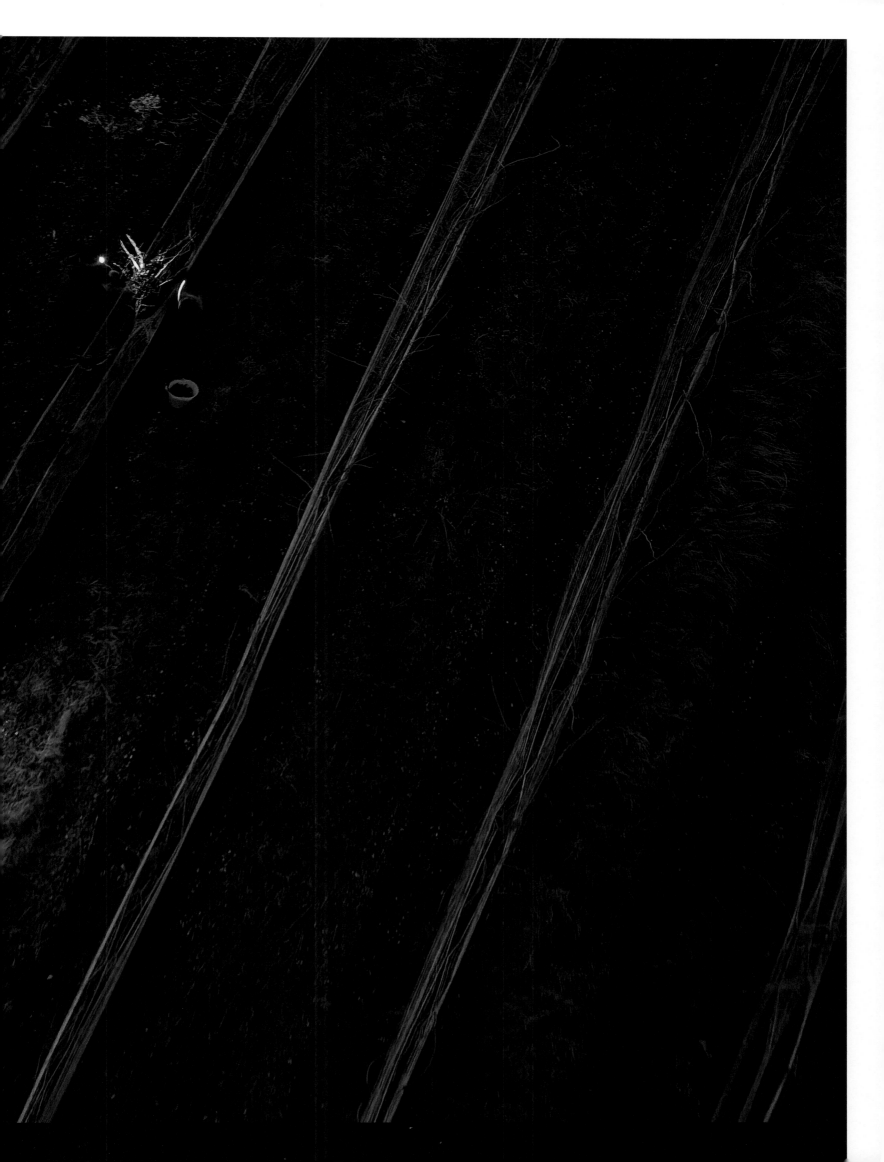

KÜRBISKERNÖL

Die Steirer mögen besser im Vermarkten sein, aber im Süd- und Mittelburgenland hat das Kürbiskernöl mindestens genauso viel Tradition wie jenseits der Landesgrenze.

Die älteste Ölkuh steht heute im Landwirtschaftsmuseum St. Michael im Südburgenland.

Ölkuh – so nennt man jenes traditionelle Gerät, auf dem einst Öl „geschlagen" (nicht gepresst) wurde: Die Kerne wurden erst geschrotet und geröstet und dann in einem großen Holzblock mit Loch mit einem Holzstößel und Hammer geschlagen, sodass das Öl austrat. Der Presskuchen wurde nicht entsorgt, sondern an die Tiere verfüttert. Ölkühe sind heute selten geworden. Sie wurden erst durch hydraulische Stößel und schließlich durch Mühlen ersetzt. Bis heute wird an kleinen Ölmühlen im Burgenland aber per Aushang bekanntgegeben, wann der nächste „Lohnschlag" stattfindet, wann also die Bauern ihre Kerne vorbeibringen und gegen Geld schlagen lassen konnten. Je nachdem, ob der Presskuchen zurück an den Kernlieferanten ging, kostete das Schlagen etwas mehr oder weniger.

Kürbiskernöl wurde nämlich nicht nur einmal jährlich geschlagen, sondern das ganze Jahr über: Weil sich die Kerne gut lagern lassen, das Öl aber nicht, wurde stets nur so viel geschlagen, wie in kurzer Zeit verbraucht werden konnte. Wer einmal frisch geschlagenes Öl probiert hat, will so schnell kein anderes mehr.

Die klassische burgenländische Sorte für das Öl ist der Gleisdorfer Ölkürbis, der erstaunlich widerstandsfähig gegen jegliche Art von Witterung ist. Die reifen Kürbisse wurden noch auf dem Feld in zwei Hälften geschlagen, die Kerne herausgenommen und die Kürbisse entweder als Dünger wieder in die Erde gepflügt oder an die Kühe und Schweine verfüttert. Die Kerne wurden zunächst in der Herbstsonne und schließlich in einem Leintuch in der Küche aufgehängt und so gelagert.

Im 19. Jahrhundert galt Kürbiskernöl vor allem als Fett jener Familien, die sich kein Schmalz leisten konnten oder, wenn sie Schweine hatten, das Fett lieber für Geld verkauften, als es selbst zu essen. Es wurde für Salate wie Kraut oder Endivien verwendet, über diverse Gemüse gegossen, zu Ölkuchen gebacken und sogar als Lampenöl verwendet. Heute gilt es als ausgesprochene Delikatesse – vor allem wenn es frisch ist und aus einer der letzten kleinen Mühlen kommt wie jene, die Klaus-Peter Fartek in Minihof-Liebau betreibt.

KLAUS-PETER FARTEK PRESST IN SEINER MÜHLE IN MINIHOF-LIBAU REGELMÄSSIG FRISCHES KÜRBISKERNÖL.

213

KÜRBISKERNÖL-KUCHEN

Rezept für einen Kuchen

ZUBEREITUNG

Backrohr auf 170 Grad Umluft vorheizen.

Eier trennen. Eiweiß zu Schnee schlagen.
Eidotter mit Zucker und Vanille cremig rühren. Wasser und Kernöl unterrühren, bis die Masse schaumig ist.
Mehl und Backpulver versieben. Mehlgemisch und Schnee unter Eimasse heben.

Backform mit Butter einfetten und mit Bröseln bestreuen.
Den Kuchen bei 170 Grad 50 Minuten backen.

Wenn er etwas ausgekühlt ist, mit Staubzucker bestreuen.

ZUTATEN

4 Bio-Eier
125 ml Wasser
125 ml Bio-Kürbiskernöl
150 g Bio-Rohzucker
250 g Bio-Dinkelvollkornmehl
1 TL Vanillepulver
1 Pkg. Weinstein-Backpulver
Butter und Brösel für die Form
Staubzucker zum Bestreuen

GEGESSEN UND GEBACKEN VON ISABELLA ANDERT, PAMHAGEN.

215

DER KÜRBISKERNPRESSKUCHEN WURDE FRÜHER ANS VIEH VERFÜTTERT.

218

LIEBE INGE,

ich kann dieses Ansinnen, etwas über das Burgenland zu schreiben, nicht abschlagen. Immerhin bin ich seit 46 Jahren hier ansässig, zu Hause, so fühle ich mich an diesem Punkt in der Landschaft.

Und es ist schön im Burgenland, eine liebliche, hügelige Landschaft mit Obstgärten, Wäldern und Feldern. Viel zu viele Maisfelder allerdings, die noch dazu ganz nahe an Waldrändern und Straßen gepflügt werden, sodass diese einst so schönen Spaziergänge fast unmöglich geworden sind. Das ist allerdings kein Problem, mit dem das Burgenland allein ist, das gibt es in ganz Österreich, in der ganzen Welt.

Jetzt aber weiter mit Erfreulichem, es gab auch schon damals neben einer sehr freundlichen Bevölkerung das pannonische Klima, das heißt, gutes Wetter, wärmeres Wetter als sonst wo in Österreich, viel Sonne, und in Jennersdorf ein wunderbares, großes Schwimmbad.

Zu diesem Zeitpunkt begann auch eine kleine Künstlergemeinschaft, Form anzunehmen. Das von Alfons Schmela gegründete Künstlerdorf, mit Ateliers und Wohnmöglichkeiten für Künstler, hat sicherlich dazu beigetragen, und es waren auch schon einige unserer Freunde hierhergezogen. Wir waren unter den Ersten, die sich in Jennersdorf-Umgebung ansiedelten, aber es war abzusehen, dass noch viele andere Künstler an diesem Landstrich Gefallen finden würden.

So war es dann auch, es gibt heute eine sehr große und in sehr unterschiedlichen Bereichen tätige Künstlergemeinschaft. Inzwischen haben wir auch einen Kunstraum – die ehemalige A&O-Halle, in der jedes Jahr mindestens zwei Ausstellungen stattfinden.

All diese Errungenschaften schätze ich sehr, jetzt wäre es aber wichtig, dass all dies samt der ländlichen Geborgenheit, die ich oder viele hier empfinden, mit einer größeren Aktivität und Aufklärung – in den Bereichen Klimaschutz und biologische Landwirtschaft – in den Gemeinden einhergehen würde. Es wäre schön, besser über das, was in der Gegend passiert, informiert und zu einer aktiven Mitarbeit eingeladen zu werden. Alle, ob einheimisch oder zugezogen.

In den Corona-Zeiten waren Kontakte verboten oder wurden zumindest erschwert, aber gerade jetzt wäre es sehr wichtig, über vieles zu diskutieren, es geht um die Existenz der Menschheit und des Planeten Erde.

Ich habe Bedenken, ob unsere Regierung, irgendeine Regierung, den Klimaschutz ernst genug nimmt, und ob ich in einem Land lebe, das nichts mehr mit mir, meinen Bedürfnissen und Überzeugungen zu tun hat oder ganz allgemein mit den Bedürfnissen der Menschen überhaupt.

Als wir das Haus kauften, schien das Leben noch einfach, obwohl es viele der Überlegungen, die heute so dringend sind, schon damals gab. Es war das Jahr 1974, und danach haben wir viele Sommer und Wochenenden mit den kleinen und dann größer gewordenen Kindern dort verbracht. Das ist fast die Hälfte meines Lebens, und es macht mich immer noch froh, hier, in diesem Haus, anzukommen, auf die leichte Schräge der Wiese zu schauen, die direkt vor dem Haus verläuft und den Horizont bildet.

Ich habe alles fotografiert, das Haus, die Gegenstände, die sich darin angesammelt haben, und die Landschaft, die das Anwesen umgibt. Auch die Rehe die ganz in der Nähe.

Elfie Semotan

BUCHWEIZEN

Seinem Namen zum Trotz hat der Buchweizen mit Weizen nicht viel zu tun.

Er ist noch nicht einmal ein Getreide, sondern gehört zur Familie der Knöterichgewächse und ist damit ein Verwandter des Sauerampfers und des Rhabarbers.

Dass er trotzdem als Weizen bezeichnet wird, liegt daran, dass er kleine, getreideartige Samenkapseln bildet, die sich zu einem groben, dunklen Mehl mahlen lassen. Im Burgenland wird es „Hoan-" oder „Haadenmehl" (Heidenmehl) genannt – angeblich deshalb, weil der Buchweizen mit den „Ungläubigen" aus dem Osten ins Burgenland gekommen sein soll.

Buchweizenmehl enthält zwar kein Gluten und ist daher zum Brotbacken wenig geeignet, hat aber einen charakteristischen, ausgeprägten Geschmack, der ein wenig an Nüsse erinnert. Anfangs ist der vielleicht etwas gewöhnungsbedürftig – dann aber süchtigmachend gut.

In vielen Teilen der Welt gilt er als Delikatesse: In Japan werden Soba-Nudeln aus Buchweizen gemacht, in Russland Blinis gebacken, und in Frankreich, vor allem in der Bretagne, wird er für Galettes, salzige Crêpes, verwendet. Im Burgenland wurde er für allerlei Knödel, Nigl und, am wichtigsten, für Sterze verwendet.

Der Hoansterz wurde entweder erst gekocht und dann in der Pfanne gebraten beziehungsweise mit oder ohne Germ in einer Rein im Rohr gebacken. Gegessen wurde der Sterz vor allem zum Frühstück, meist in eine Schüssel gebröckelt und mit Kaffee übergossen, oder als Bei- und Einlage zu diversen Suppen, etwa der Schwammsuppe (Pilzsuppe). Seine Beliebtheit verdankte er allerdings nicht so sehr seinem guten Geschmack. Er half kleinen Bauern schlicht, mehr aus ihrem wenigen Land herauszuholen.

Buchweizen wurde als sogenannte Zweitfrucht nach der Roggenernte ausgesät und im Herbst geerntet, nachdem seine schönen blassrosa Blüten ausgereift waren. Die etwa 30 Zentimeter hohen Halme wurden geschnitten, zu charakteristischen Bündeln gebunden und gedroschen. Im Gegensatz zum Roggen oder Weizen war er nicht zehentpflichtig, es musste also nichts an Grundherren oder die Kirche abgeliefert werden. Während das echte Getreide verkauft (oder an die Obrigkeit abgeliefert) wurde, aßen die Bauern den Buchweizen selbst.

Im Laufe des 20. Jahrhunderts ist er aus dem Burgenland fast verschwunden, in den vergangenen Jahren aber ist die Nachfrage und das Interesse an seinem charakteristischen Geschmack wieder gestiegen. Karl Uitz malt ihn immer noch jedes Jahr in seiner Mühle für die Bauern in Windisch-Minihof im Südburgenland.

KARL UITZ MALT BUCHWEIZEN IN WINDISCH-MINIHOF.

223

BUCHWEIZENSTERZ

Rezept für 2 Personen

ZUTATEN

300 g Erdäpfel
150 g Buchweizenmehl
1 TL Salz
200 ml Wasser
50 g Butter oder Schmalz

ZUBEREITUNG

Die Erdäpfel schälen und kochen, etwas auskühlen lassen und grob reiben.

Das Mehl und das Salz mischen und in einem Topf mit dickem Boden auf niedriger Hitze unter ständigem Rühren rösten, bis es duftet – etwa 20 Minuten.

Wasser zum Kochen bringen. Das heiße Wasser zum heißen Mehl gießen – dabei soll es ordentlich zischen! Mit einer Gabel den Teig gut durchrühren.

Die Butter oder das Schmalz schmelzen und über den Teig gießen. Die geriebenen Erdäpfel zugeben. Etwa 20 Minuten auf niedriger Hitze weitergaren. Währenddessen mit der Gabel immer wieder rühren und die Teigbrocken wenden.

Sollte der Sterz danach noch zu gatschig sein, auf kleinster Flamme weiter ausdünsten lassen, bis er die gewünschte Konsistenz erreicht hat.

GEBRATEN UND GEGESSEN VON ANNA ANDERT, ILLMITZ.

225

RÜBEN.

226

ENTBORSTUNG BEIM SAUTANZ MIT DER „SAUGLOCKE", EINEM KEGELFÖRMIGEN GERÄT ZUM ABSCHABEN DER BORSTEN.

MILCH

Das Nordburgenland war einst ein ausgesprochenes Milchland.

Als die Eisenbahnlinie Wien—Budapest in den 1850er-Jahren eröffnet wurde, wurde es plötzlich möglich, Frischmilch von hier in die boomende Großstadt Wien zu liefern, die örtlichen Großgrundbesitzer tauschten ihre Schafherden gegen Kühe. Bis in die 1950er-Jahre war die Gegend einer der wichtigsten Milchlieferanten Wiens.

Aber auch in anderen Teilen des Landes gehörte die Kuh einst zur Grundausstattung eines burgenländischen Bauernhofs – fast jeder hatte einen eigenen Kuhstall, auch wenn darin nur ein, zwei Tiere standen. Die Milch wurde nicht verkauft, sondern diente ausschließlich dem Eigenbedarf der Familie: Sie wurde frisch getrunken (etwa als Teil des Abendessens zu gebratenen Erdäpfeln), zum Butterschlagen verwendet oder man ließ sie sauer werden, um Topfen daraus zu machen. Der wurde wiederum in saure und süße Strudel gepackt, für deren Herstellung die „Heanzen" (deutschsprachige Bewohner des südlichen und mittleren Burgenlands) in der Monarchie berühmt waren. Der abgeschöpfte Rahm wurde zum Verfeinern von Suppen, Strudeln und für den Sterz verwendet.

Eine (süd)burgenländische, heute fast vergessene Spezialität sind die „Mülifoafal": simple Nudeln aus Mehl und Eiern, die in Milch serviert wurden – in wohlhabenderen Haushalten eventuell mit etwas Zimt gewürzt. Diese Speise war die Arme-Leute-Variante des Milchreises, weil Reis teuer war und nur an Feiertagen, besonders gern zu Hochzeiten, aufgetragen wurde. In manchen Gegenden war und ist auch der „Topfenkas" verbreitet: Dafür wurde Topfen mit Milch, Eiern und Gewürzen, etwa Kümmel, erhitzt und zu einer halbfesten, braunen Masse eingekocht. Gegessen wurde und wird er wie Käse zur Jause mit Brot. Kommerzielle Käseproduktion konnte sich hingegen nur an wenigen Orten entwickeln. Im Seewinkel etwa war der Illmitzer Käse berühmt.

Am besten war die Milch im Herbst, wenn das Heu schon geerntet, das Gras aber noch am Wachsen war. Dann wurden die Kühe auf die Wiesen geführt (an einem Strick, der an einem ihrer Hörner festgebunden war), und sie durften nach Herzenslust grasen. Das „Kia-Halten" war dabei klassische Kinderarbeit: Es galt aufzupassen, dass die Kuh nur von der eigenen und nicht auch von der Wiese des Nachbarn fraß.

Mittlerweile ist das Vieh fast völlig aus den Dörfern verschwunden. Erwin Meitz in Tauka im Südburgenland ist einer der letzten Bauern, der noch Milchkühe (vier!) hält – er verkauft die frische Milch an treue Kunden.

ERWIN MEITZ IST EINER DER LETZTEN MILCHBAUERN IN TAUKA.

229

MÜLIFOAFAL

Rezept für 2 Portionen

ZUTATEN

0,5 l Milch
1 Ei
Je 20 ml Milch und Mineralwasser, vermischt
70 g Mehl
Vanillezucker (optional)
Salz, Zucker

ZUBEREITUNG

Ei mit der Milch-Mineralwasser-Mischung verquirlen, dann das Mehl einrühren, salzen und ordentlich durchschlagen, wie einen Palatschinkenteig.

Die Milch vorsichtig zum Kochen bringen. Wenn sie blubbert, den zähflüssigen Teig mit einem Spätzlehobel einreiben und erneut aufkochen lassen.

Mit Zucker oder Vanillezucker und Zimt verfeinern und warm servieren.

GEKOCHT UND GEGESSEN VON ELFIE STACHERL, WINDISCH-MINIHOF.

231

232

DER HIMMEL ÜBER ÖDGRABEN.

233

IWAHAPS

**ODER WARUM MIR MEINE OMA KEIN KOCHBUCH
HINTERLASSEN HAT.**

„Wos is heit fia a Tog? Montag Kneidltog und Mittwoch Strudl-
tog" heißt es in dem alten Volkslied, das mir meine Großmutter
beigebracht hat. Die beiden waren mir die liebsten Tage. In den
1970er-, 1980er-Jahren als Ferienkind meiner Großmutter in
Purbach am Neusiedler See, einer Kleinstadt mit typisch burgenländischer Geschichte. Feketeváros, „schwarze Stadt", hieß
Purbach auf Ungarisch. Und auch meine Großmutter, geboren
1913, lernte in der Schule noch Ungarisch.

Sie ist im ältesten Gasthaus von Purbach aufgewachsen, im
Gemeindegasthaus, das ihre Eltern ersteigert und neben ihrer
Landwirtschaft geführt hatten. Die Adresse ist heute international bekannt, als Max Stiegls Gut Purbach. Die Schwägerin
meiner Großmutter, meine Paulatant', war jene Strudelwirtin,
die ihre Rezepte für Bohnenstrudel oder auch Topfenknöderl
dem Max Stiegl quasi vererbt hat.

Meine Großmutter hat in eine Fleischhauerei samt gemischter
Landwirtschaft mit Wein- und Ackerbau eingeheiratet und die
große Wirtschaft erst allein durch den Krieg und später als Wit-
we mit drei Kindern als unumstrittene Chefin geführt. Sie war
das Oberhaupt der Familie und die Heldin meiner Kindheit.
Ferien bei der Oma – nichts müssen, fast alles dürfen –, das
gehört bekanntlich zu den Privilegien von Enkelkindern, die
deshalb von den eigenen Eltern mehr oder weniger heimlich
beneidet werden. Uns Enkelkinder hat sie verwöhnt.
Meine Leibspeisen waren Kirschenstrudel ohne Kerne und
Marillenknödel aus Erdäpfelteig, die sogar kalt gut schmeckten.
Die obligatorische Suppe, die zum Mittagessen vor den Süßspeisen auf den Tisch kam, die habe ich meistens ausgelassen.

Nur die Erbsensuppe nicht, die liebe ich bis heute, mit oder
ohne gezupfte Nockerl. Und wenn es Boaschoal (der Begriff
bedeutet Bohnenschalen, bezeichnet aber Fisolen) gab, war ich
auch begeistert.

Meine Oma war es als ältestes von neun Kindern von klein
auf gewöhnt, hungrige und durstige Menschen zu versorgen,
gegebenenfalls auch in großen Mengen zu bekochen. Vor allem in der Zeit der Weinernte, wenn es neben der Familie und
den Fixangestellten auch die Lesetrupps zu versorgen galt,
standen riesige Töpfe auf dem erst mit Holz, später mit Strom
befeuerten Herd. Für die Jause im Weingarten gab es zur harten
Dürren aus der eigenen Fleischhauerei neben dem Kilowecken
Brot oft handtellergroße „Boastrudl", Bohnenstrudel, praktisch
portionsweise herausgebacken.

In der Einfahrt, einem hohen Gewölbe, waren Tische und
Bänke aufgestellt, nach der Arbeit wurden die Taglöhner oft
mit deren Kindern noch einmal verköstigt. Gulaschsuppe,
Krautfleisch, Rostbratelbohnen, Würstel, kalte Blunze, Brot
dazu und eingelegtes Gemüse. Da gab es Rote Rüben, selbstgemachten Pusztasalat, das ist ein Krautsalat mit Paprika und
Paradeisern, einen sogenannten Umurkensalat (kleiner Exkurs
ins burgenländische Vokabular: Umurken sind Gurken, Murken
die Karotten), und ich erinnere mich an Speck und Grammeln.
Und daran, dass die fleißigen Leserinnen auch immer etwas mit
nach Hause bekommen haben.

Obst und Gemüse wurden laufend geerntet und eingekocht,
in der Kredenz standen dutzende Gläser voller Kirschen,
Marillen, Weingartenpfirsiche, Zwetschken und mit „lekvár",
der Marillenmarmelade, die ungarische Bezeichnung ist uns
bis heute geläufig.

Meine absolute Lieblingsgermspeise hat alle Kinder in der Familie entzückt, die „bochanen Meis'". Gebackene Mäuse sind mit Faschingskrapfen verwandt, nur werden sie ohne Füllung gemacht, und der Teig ist auch fester. Manchmal hat einer der beiden Zipfel wirklich fast wie ein Mäuseschwanzerl ausgesehen.

Hineinzubeißen war ein sinnliches Vergnügen, die Konsistenz flaumig und fest zugleich, der Geschmack süß, aber auch ganz leicht salzig, wie es sich für ein Schmalzgebäck gehört.

Tierische Fette waren damals noch nicht verpönt und schon gar nicht wieder neu entdeckt. Lauter Köstlichkeiten hat meine Oma gebacken: Schmerkrapfen, Spitzbuben mit „lekvár" und dem Gittermuster, das man von der Linzertorte kennt. Zu Weihnachten dann die sogenannten Krapferl, das Gebäck, alles recht nusslastig – die Walnussbäume haben verlässlich geliefert. „A guids Nussstrudl" war fast immer im Haus, für das Frühstück oder die Nachmittagsjause. Meine Oma hat den Nussstrudel übrigens mit Mürbteig gemacht und die Nussfülle mit Marmelade, so hat der Strudel zwei Generationen von Kindern besser geschmeckt.

Oft habe ich sie gefragt, „Oma, wie machst du den Teig?" – „Iwahaps", hat sie gesagt. Und in Bezug auf die Mehlspeisen mit Eiern meinte sie: „Tui nia Oa spoan" – nie Eier sparen! Iwahaps bedeutet überhaps, ungefähr, und das hat durchaus Berechtigung, denn so ein Teig hat ein Eigenleben, überhaupt wenn es sich um einen Germteig handelt. Da kommt es darauf an, wie warm es ist, ob es lange geregnet hat und die Luft noch feucht ist, vielleicht sogar auf die Gemütslage der Köchin. Wenn es für eine Speise irgendwelche Notizen gegeben hat, dann auf den Kassenzetteln aus der Fleischhauerei, halb in Latein- und halb in Kurrentschrift geschrieben. An ein Kochbuch kann ich mich nicht erinnern.

Was an Sonn- und Feiertagen auf den Tisch gebracht wurde, könnte mehr als ein Kochbuch füllen, aber leider – iwahaps wurde gekocht und gebacken.

Zuerst die Suppe, die gehörte einfach dazu, vermutlich ein Erbe der sogenannten Suppenschwaben-Gene. Dann das Fleisch aus dem eigenen Betrieb, Bochanes, Gsoudns und Brotns (also Gebackenes, Gekochtes und Gebratenes). Mir persönlich sind die Nachspeisen am lebendigsten in Erinnerung, was wohl einer mehrjährigen vegetarischen Phase geschuldet ist.

Für die Erwachsenen gab es da etwa den in einer Gugelhupfform gebackenen Bröselpudding, der mit warmem Wein übergossen und mit Zimt und Zucker bestreut wurde. Oder ein Weinchaudeau, das auch als Mittel zur Kräftigung galt. Für die Kinder hat meine Oma unglaublich fluffige Schneenockerl mit dicker Vanillesauce gemacht.

Was mir von alledem geblieben ist? Leider kein einziges Rezept, Stichwort „iwahaps". Dafür prägen mich die Liebe zu gutem Essen und mein Faible für Wein sowie der Respekt im Umgang mit Lebensmitteln. Ich bekreuzige heute noch jeden Laib Brot vor dem Anschneiden und versuche Reste zu verwerten. Ein paar alte Ausdrücke aus der Ui-Mundart veredeln meine Alltagssprache, und eine blaue, schwere Gugelhupfform ziert meinen Garten. Bröselpudding habe ich darin noch nie gemacht, aber sie steckt voller Erinnerungen, und wenn ich sie beim Vorbeigehen sehe, wärmt es mir das Herz.

Nicole Aigner

237

MUSIKER DER ROMABAND MOŠA ŠIŠIĆ.

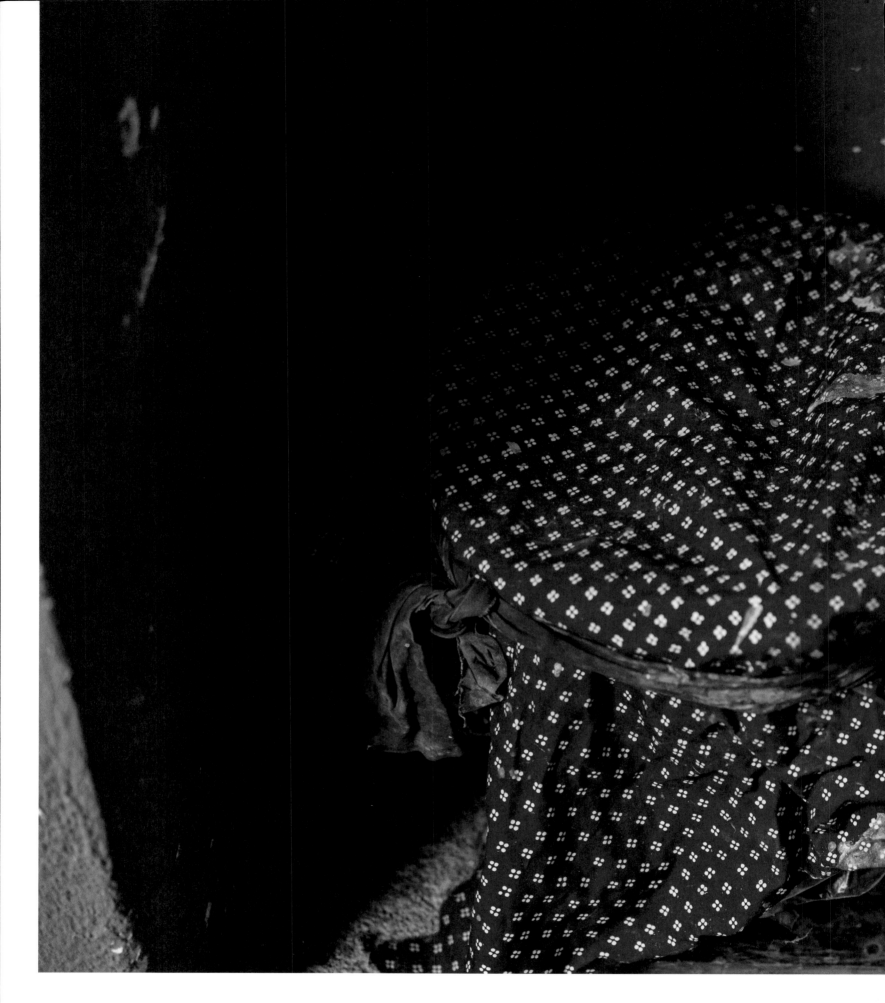

**VOR GAR NICHT ALLZU LANGER ZEIT GAB ES KEIN BURGENLÄN-
DISCHES BAUERNHAUS, IN DEM NICHT EINE BLAUE SCHÜRZE,**
ein blaues Kopf- oder Tischtuch zu finden war. Zuerst wird der

sogenannte „Papp" im gewünschten Muster aufgebracht – dort,
wo er kleben bleibt, bleibt der Stoff weiß. Danach wird der Stoff
auf Rahmen gespannt und mehrmals in die Küpe getaucht, die

Färbeflüssigkeit. Zunächst ist er danach gelb-braun, erst beim Trocknen an der Luft und in der Sonne verfärbt er sich blau. Die Familie Koó in Steinberg-Dörfl sind die letzten Blaudrucker im Burgenland, die sich die aufwendige Arbeit noch antun. Von ihnen stammt der blaue Hintergrund, vor dem wir viele unseren Köche und Köchinnen in diesem Buch fotografiert haben.

241

SONNENBLUME.

242

BOTRYTIS-TRAUBE, AUS DER SPÄTER SÜSSWEIN WIRD.

DIE MEIERHÖFE GEHEN AUF DIE ZEIT DER GROSSEN SCHAFHERDEN IM BURGENLAND ZURÜCK. Weil die Tiere täglich auf die Weide getrieben werden mussten, errichteten die adeligen Großgrundbesitzer außerhalb der Dörfer eigene Höfe, um Zeit und den täglichen weiten Weg vom Dorf zur Weide zu sparen. Mit der Zeit entwickelten sich die Meierhöfe selbst zu einer Art kleinem Dorf

und zu autarken landwirtschaftlichen Betrieben, auf denen eigene Arbeiter, meist aus Ungarn, lebten. Manche, etwa der Paulhof in Illmitz oder der Seehof in Donnerskirchen (im Bild der alte Teil des Hofs), werden noch bewirtschaftet. Er gehört zum Biolandgut Esterházy, unter anderem gibt es hier einen Versuchsanbau für trockenresistente Getreidesorten.

ROSEMARIA ANDERT.

246

HANSI WOLF.

247

MIR KOMMT VOR

KNOBLAUCH NEBEN FLEISCHWOLF, BEIDES ESSENZIELL FÜR DEN SAUTANZ.

MENSCHEN, DIE IN WEINBAUGEBIETEN ZU HAUSE SIND, sind etwas entspannter als andere, und das ist im Burgenland genauso. Die Burgenländer sind ein ganz famoses, relaxtes Völkchen. Ich bin seit 35 Jahren mit einer Burgenländerin zusammen, und es funktioniert wunderbar.

Ich bin geborener Linzer, aber alle meine Vorfahren stammen aus Südtirol – ich bin die erste Generation unserer Familie, die aus den Bergen im Flachland gelandet ist. Vielleicht ist das mit ein Grund, warum mich das Burgenland so fasziniert: weil es für mich eine sehr fremde Welt war. Aber verstehen Sie mich nicht falsch: Wenn ich fremd sage, meine ich das im allerbesten Sinne. Es hilft mir immer wieder, hinauszukommen aus meiner gewohnten Welt, etwas Neues, Unbekanntes kennenzulernen. Und zu erfahren, wie bereichernd das Fremde sein kann.

Da ist einmal die einfache Tatsache, dass das Burgenland so viel bunter, aufregend anders ist als viele andere Teile Österreichs. Wir wohnen in einem Häuschen in Draßburg, einem Dorf mitten im Kroaten-Gürtel, Rasporak heißt es auf Kroatisch. Als ich in den 1990ern hierhergezogen und mit dem Fahrrad zum Greißler um Semmerl gefahren bin, dann standen dort lauter Frauen mit Kopftüchern und haben Kroatisch geredet – ich hab kein Wort verstanden, und es hat mein Urlaubsgefühl enorm gesteigert.

Dann ist da der See und die Landschaft um ihn, die so anders ist als alles andere in Österreich. Wenn ich abends mit meinem Boot durch den Oggauer Schilfkanal nach Hause fahre, fahre ich in die untergehende Sonne hinein. Kennen Sie den Film „African Queen", in dem Humphrey Bogart und Katharine Hepburn den Ulanga-Fluss in Ostafrika hinunterfahren? Genauso fühle ich mich dann.

Und dann ist da irgendetwas am Burgenland, das dafür gesorgt hat, dass manche Dinge, die andernorts verschwunden sind, sich hier gehalten haben – ein erfreuliches Aus-der-Zeit-Fallen, das es nicht rückständig, sondern schlicht zeitlos macht.

Nehmen Sie etwa den Sautanz, diese alte burgenländische Tradition. Ich bin ja ein Stadtkind und habe so etwas nie zuvor erlebt. Es ist beeindruckend, dabei zu sein, wie ein Schwein geschlachtet, zerlegt und verarbeitet wird. Dem in aller Herrgottsfrüh beizuwohnen an einem eiskalten Wintermorgen, und dann gleich einmal ein frisches gebratenes Hirn zu bekommen – das ist nicht nur ein Genuss, sondern äußerst lehrreich. Da verstehst du dann, welche Bedeutung Fleisch einmal hatte und dass die schnell verderblichen Teile gleich gegessen, die anderen konserviert werden müssen.

Dass das von der bäuerlichen Normalität zum Genießerevent wurde, erzählt uns viel über unsere Entfremdung von alltäglichen Dingen, etwa vom Wissen darum, wo unser Essen herkommt. Früher – und damit meine ich nicht vor 200 Jahren, sondern die Zeit, als ich ein Kind war – war das völlig normal. Dann hat sich alles plötzlich rapide verändert.

Dass uns das so fasziniert, ist sicher ein Zeichen dafür, wie weit das weggerutscht ist von uns. Für manche, die heute kommen und die sich noch erinnern können, wie das in ihrer Kindheit war, ist es vielleicht eine romantische Sehnsucht nach der damaligen Zeit, für andere, die zu jung sind oder das schlicht gar nicht kennen, ist es Neugier – was auch immer die Motivation ist, ich finde jedenfalls, das ist etwas, was jeder erlebt haben sollte, der gern einen Schweinsbraten isst.

Der ist vielen von uns nämlich noch viel fremder geworden, als mir das Burgenland einst war.

Wolfgang Böck

SO ODER SO ÄHNLICH HÄTTE BRUEGEL DEN GEFRORENEN NEUSIEDLER SEE GEMALT

DAS BESTE BROT DES BURGENLANDS SOLL EINST IN DER GEGEND UM DRUMLING (BEI OBERWART) GEBACKEN WORDEN SEIN: Dort wurde dem Ura, wie der Sauerteig im Burgenland heißt, noch etwas Hopfen und andere geheime Zutaten zugesetzt für extra Geschmack. Der daraus resultierende Sauerteig wurde „Kick" genannt. Brot wurde einst in jedem Haushalt selbst

gemacht: Der Sauerteig wurde selbst angesetzt und dann entweder im hauseigenen Ofen gebacken oder zum Bäcker des Dorfes gebracht, der ihn für ein Entgelt buk. Das wichtigste Getreide war dabei lange der Roggen – der edle Weizen wurde eher verkauft als selbst gegessen (siehe auch S. 44, Produkt: Getreide).

IM DEZEMBER WIRD IM BURGENLAND TRADITIONELL SAUTANZ GEFEIERT: Wer es sich leisten kann, schlachtet ein Schwein und zerlegt und verarbeitet es gemeinsam mit Freunden und Familie.

Der Zeitpunkt ist nicht von ungefähr gewählt: Nun ist es endlich kalt genug, um draußen Wurst zu machen, das Fleisch bleibt länger frisch und kann an den Weihnachtsfeiertagen verspeist wer-

den. Zum Zerlegen wird das Tier auf den sogenannten „Saurehm" gehängt, ein mehr als mannshohes Holzgestell, das dem Fleischer das Ausnehmen erleichtert. In den letzten Jahren wird der Sautanz wieder vermehrt gefeiert – auf Höfen, in Gasthöfen oder Gemeinden (siehe auch S. 38, Produkt: Innereien).

DIE MARTINSKIRCHE IN DEUTSCHSCHÜTZEN. DIREKT DANEBEN WURDEN IM MÄRZ 1945 HUNDERTE UNGARISCHE JUDEN ERMORDET.

MAHNMAL FÜR 180 UNGARISCHE JUDEN, DIE IN RECHNITZ IN DEN LETZTEN KRIEGSTAGEN ERMODERT WURDEN.

261

BURGENLAND

„UNGESCHMINKT ZEIGT SICH DEINE SCHÖNHEIT, NICHT MAKELLOS, ABER ECHT."

Der Herbst bringt Trauben,
farbenbesoffen dein Antlitz.
Der Sommer schultert seinen Rucksack,
zieht weiter mit dem Versprechen wiederzukommen.

Ach, wie jung du bist,
dennoch viele Narben am Herz.
Ein unfassbarer Grund,
ohne Hochmut der Provinz.

Ungeschminkt zeigt sich deine Schönheit,
nicht makellos, aber echt.
Es gibt jemanden, der es mit dir gut meint,
und die Mutter legt dir ihre Hand auf deine Stirn.

Der Wind zerzaust mir zärtlich die Haare,
fräst mir Erinnerungen ins Hirn.
Ich schließe die Augen, um nicht gesehen zu werden,
es riecht nach Kindheit.

In der Ferne habe ich Sehnsucht,
mit stolzer Brust male ich Worte.
Zwischen Beton und Eisen wachsen Blumen,
ohne Perspektive der Winter.

Deine wahren Kinder,
stets behütet.
Du hast mich infiziert,
du steckst so tief in mir!

Thomas Stipsitz

BURG FORCHTENSTEIN.

264

FAST EIN WEIHNACHTSBAUM IN DRASSMARKT.

265

ALTE ZUCKERFABRIK BEI SIEGENDORF.

266

BURG BERNSTEIN.

267

DER EINSERKANAL UNTER DER BRÜCKE VON ANDAU, DIE GRENZE ZWISCHEN UNGARN UND ÖSTERREICH.

268

TROCKENHEIT WIRD ZUNEHMEND ZUM PROBLEM IM NORDBURGENLAND.

269

VON DEN SPEISEN DER HIENZEN

Eine gastronomische Plauderei von M.F. Bothar

DER FOLGENDE TEXT IST FAST 70 JAHRE ALT UND EINE ART ETHNOLOGISCHE STUDIE ÜBER DAS ESSEN IM BURGENLAND.

Während dieses Buch entstanden ist, war er oft Quelle, Rechercheanregung und Inspiration. Einige der Speisen, die hier genannt werden, werden immer noch häufig im Burgenland gekocht, andere scheinen mittlerweile verschwunden, viele der Geschichten konnten wir bei unseren Nachforschungen bestätigen, anderes haben wir so nicht erfahren, oder konnten wir schlicht nicht mehr verifizieren. Der Text gewährt jedenfalls einen faszinierenden Einblick in eine verschwundene Welt – weswegen wir ihn hier in ganzer Länge bringen.

DIE SACHLICHE VOLKSKUNDE befasst sich neben den Volkstrachten, dem Hausleben, den Haus- und Wirtschaftsgeräten u. a. m. auch mit dem Ernährungswesen des Volkes. Die folgenden Zeilen wollen jedoch keine ausführliche Abhandlung über das Ernährungswesen der Hienzen bringen, sondern sollen bloß dazu dienen, manche Unklarheiten aufzuhellen und die Aufmerksamkeit auf ältere Speisen zu lenken, die teilweise infolge des höheren Lebensstandards unserer Tage in Vergessenheit geraten.

Welch falsche Vorstellung man über das Ernährungswesen der Hienzen hatte, zeigt am deutlichsten die gediegene Abhandlung, ja vielleicht die allerbeste, die über die „Heanzen" erschien. Sie stammt von dem einstmaligen Studienrat M. A. Becker und ist in der „Österreichischen Revue" 1863 erschienen. Im Band II, Seite 284, heißt es wörtlich: „Die Speisen der Österreicher schwimmen in Fett, die der Heanzen im Wasser, bei diesen sind ‚Grundbirn' und ‚Bohnln', zu gewissen Zeiten Sauerkraut und ‚Gselchtes' ein beliebtes Leibessen, bei den Österreichern der Nachbarschaft das Schöberl in der fetten Suppe und das neunhäutige Schmalzkoch. Den österreichischen Mohnstrudeln, Nudeln und Nocken stellt der Heanze den Topfenstrudel und die Zwekerln entgegen. Das warme Frühstück fehlt aber weder bei dem anderen, und wie der Heanze (gleichbedeutend mit Hienze, Anm.) sein eingebranntes Salzwasser mit Erdäpfeln verzehrt, so hält sich jener bei der Knöperlsuppe schadlos."

Die Annahme, wonach die Speisen der Hienzen statt im Fett im Wasser schwimmen, ist gänzlich falsch. Wohl kennt man in Norddeutschland eine Wassersuppe. Diese wird entweder mit Gries oder Haferflocken bereitet, wozu ein kleines Stückchen Butter, ferner etliche Weinberln und Zibeben (Korinthen und Rosinen) hinzugegeben werden. Eine Wassersuppe aber kennt der Hienz nicht, und auf seinen Suppen schwimmen nicht weniger Fettaugen als auf denen der „Österreicher".

Was Becker „eingebranntes Salzwasser" nennt, ist ebenfalls keine Wassersuppe, sondern eine nahrhafte, fettreiche und bekömmliche Suppe, die nicht bloß zum Frühstück, sondern auch zu den Hauptmahlzeiten gereicht wird. Sie wird Einbrennsuppe genannt. Zu dieser wird mit Mehl und Fett eine „Einbrenn" gemacht und mit kaltem Wasser aufgelassen, wozu Salz, ein Stück Knoblauch und Kümmel hinzugefügt werden. Mit in Fett geröstetem Brot oder Semmelschnitten, oder gar mit einem eingetropften Ei wird der Geschmack der Suppe nur noch erhöht.

Überhaupt kennt der Hienz außer den üblichen Rinds-, Schweins- und „Gsölchti"-Suppen eine ganze Reihe mit Fett oder ohne Fett bereitete Suppen, was von magyarischer Seite ihm den Namen „Suppenschwab" eingetragen hat. Unter den mit einer Einbrenn bzw. mit Fett bereiteten Suppen wären zu erwähnen die Bohnen-, die Schwammerl-, die Speck- und die Linsensuppe. Letztere, seitdem kein Verkehr mit den „Windischen"

(Murau) besteht, von wo seinerzeit durch die hienzischen Hausierer und Händler viel Linsen ins Burgenland gebracht wurden, ist bereits unbekannt. Hingewiesen sei auch auf jene Suppen, die weder mit Schmalz noch Butter bereitet und dennoch nicht fettarm genannt werden können. Solche sind die „Weissesuppn", bei welcher recht viel Rahm mit Mehl abgeschlagen und mit Erdäpfelstücken gekocht wird.

Eine ähnliche ist die „Sauresuppn". Den Hauptbestandteil bildet bei dieser das Topfenwasser. Auch hier, wie bei der sogenannten „Topfensuppn", kommt Rahm und Mehl hinzu. Wie bei den Suppen Fett und Rahm einen Hauptbestandteil bilden, so ist dies auch der Fall bei der Bereitung des Gemüses. Hier seien erwähnt das Süß- und Sauerkraut, „Köhl" (Kohl), Bohnen und Erbsen im frischen und trockenen Zustand, Kürbis und schließlich die „Gölbn Muackn" (Möhren). Alle anderen Gemüsearten wie Karfiol, Paradeiser u. a. m. sind neuzeitliche Erscheinungen im Burgenlande.

Die Erdäpfel, die „Krumpan" oder Krumbirn, die in verschiedenen Variationen genossen wurden, spielten stets eine wichtige Rolle in der Ernährung der Hienzen. Da sollen angeführt werden „Die Sauren Krumbirn", die „Einbrennkrumbirn", „die gröstn Krumbirn", Krumpansalat u. a. m. Zu den gekochten oder gebratenen Erdäpfeln wurden stets süße oder saure Milch, fallweise auch Grammel gegessen.

Besondere Anerkennung zollt Becker dem hienzischen Brot, welches schöner, besser und weißer ist. Das stimmt nicht ganz, denn noch vor 60 Jahren war das Brot der Hienzen ein ganz schwarzes Kornbrot, obwohl saftig und wohlschmeckend, bei ganz Armen fand man sogar öfter das gelbe „Wickabrot" (Wicken) und nur in ausgesprochener Weizengegend weißes, leichtes Weizenbrot, unter welches auch die kleinen runden Laibchen, die „Zinolten" einzureihen sind, die öfter schon in heimatlichen Aufsätzen fälschlich mit Zwieback gleichgestellt wurden. (Zipolt kommt vom Magyarischen „Czipo"). Das schmackhafteste Brot wurde und wird teilweise auch heute noch in Drumling gebacken, wo man den Brotteig mit einem besonderen Sauerteig, dem sogenannten „Kick", durcharbeitet, der unter anderem aus Hopfen erzeugt wird.

In alter Zeit war auch das Kletzenbrotbacken allgemein üblich, indem man dem gewöhnlichen Brote Stücke von gedörrten Birnen, Pflaumen, aber auch Nusskerne beifügte, was außer Lebzelten zu Weihnachten und am Jahrmarkt der einzige Leckerbissen der Jugend war.

Die Fleischspeisen der Hienzen waren meist einfach und bescheiden, eine Ausnahme bildete nur die Zeit des Schlachtens der Schweine, der Sautanz. Das Begehrenswerteste war immer der Schweinsbraten und das „Gsölchte". Das Kalbfleisch kam überhaupt nicht in Betracht, und Rindfleisch wurde nur in geringer Menge für eine gute Rindsuppe für den Sonntag gekauft.

Es ist klar, dass die magyarischen Speisen wie Gulasch, Pörkölt und Szekler Gulasch nicht unbekannt waren, sie konnten jedoch das Hienzenhaus nicht erobern. Mit Ausnahme der Martinigans und der Suppenhenne (außer dem Schnitterhahn) wurde auf Geflügel kein besonderer Wert gelegt. Dasselbe gilt auch für Wild und Schaf. Was das Geflügel betrifft, gilt das sprichwörtliche Rätsel: „Wann frisst da Baua a Heinn? und die Antwort: „Weinn ea oda die Heinn krank is!"

Die Krone aller Fleischspeisen war von jeher das gebratene Spanferkel, das freilich nur bei ganz besonderen Festlichkeiten wie Hochzeit und Kirchtag verschmaust wurde. Sehr begehrt waren Köchinnen, die das Spanferkel so knusprig zu braten verstanden, dass die resche Haut bei einem Schlag mit dem Messer wie Eis zersplitterte.

Becker schreibt: „Dem österreichischen Mohnstrudel, den Nudeln und Nocken stellt der Heanze sein Topfenstrudel und die Zweckerln entgegen." Da hier die Rede von Mehlspeisen ist, muss eben auf die große Fülle der nahrhaften und doch einfachen Mehlspeisen der Hienzen hingewiesen werden. Die Erdäpfel dienten von jeher in der Hienzerei auch zur Bereitung von Mehlspeisen. Da war an erster Stelle der „Krumpanwatsch" zu nennen. Dieser wird aus einer Mischung aus roh geriebenen Erdäpfeln, Mehl, Ei, Salz und recht viel Grammeln bereitet. Jedenfalls darf er keineswegs mit dem Erdäpfelpuffer und dem norddeutschen Kartoffelpfannkuchen verwechselt werden.

Auch die „Krumpankneidln" werden aus roh geriebenen Erdäpfeln, vermengt mit Semmelstücken und Grammeln, bereitet und meist als Beigabe zur „Gsölchtnsuppn" genossen. Der aus gekochten Erdäpfeln verfertigte Erdäpfelteig war von alters her bekannt.

Hier sei nicht die Rede von „Wuzlnudeln", von Zwetschkenknödeln, von „Lekwartascherln u. a. m., sondern von den echt hienzischen „Mohnpinkerln". Der berühmteste und beste Mohn des Burgenlandes war immer der aus der Gegend von Bernstein, und so ist es nur verständlich, dass man den Mohn zu manchen Speisen verwendete. Die „Mohnpinkerln", einst eine begehrte Speise, sind heutzutage ganz unbekannt, nur der Name lebt noch weiter im Namen eines Goberlinger Kirchweihtages, des Mohnpinkerlkirtages. Die Bereitung der Mohnpinkerl geschah folgendermaßen: Ein Erdäpfelteig wurde fingerdick ausgewalkt, und da man früher Model nicht kannte, schnitt man große runde Stücke heraus. Diese füllte man mit gestoßenem Mohn, schlug die beiden Seiten zusammen und machte runde „Paunzerln", die dann in kochendes Wasser gelegt wurden. Nachdem Herausnehmen wurde oben auf jedem Stück ein Loch gebohrt, in dieses Milch hineingegossen und die Speise so zum Essen, gebracht. Oder man briet die aus dem Wasser genommenen Mohnpinkerln in einem Blech, goss erst dann in die Löcher Milch, bestreute sie mit Bröseln, und die Liebhaber von Süßigkeiten gossen sich noch flüssigen Honig darauf.

Von alters her wurden auch die Grammelpogatscherl bei den Hienzen bereitet, und zwar auf zweierlei Art: die fetten mit viel Schmalz und die Germgrammelpogatscherl. Zu Letzteren nimmt man schönes weißes Mehl, Grammeln und recht viel Rahm und lässt den Teig in der Folge mit Germ ordentlich aufgehen. Becker bestätigt, dass der Strudel, wenn auch nicht der Mohnstrudel, vor beinahe 100 Jahren den Hienzen nicht unbekannt war. Wohl aß man Mohnnudeln, ordentlich mit Schmalz und Honig vermengt, auch die von Becker erwähnten Nockerl, doch was im Burgenlande allgemein als Mohnstrudel allüberall gegessen und genannt wird, ist nur ein Abklatsch des Pressburger Beugels. Die in den Bundesländern üblichen Strudel, wie Gries-, Rahm-, Apfel-, Krautstrudel u. a. m., waren auch im Burgenlande bekannt. Dazu kamen noch der Topfen und „Ruimstrudl" und noch zwei echt hienzische Strudeln, der „Weinbastrudl" (Weintraube) und der „Poustrudl" (Bohnen).

Die erste Art, die mit Weintrauben und Mohn und mit reichlichem Rahm gemacht wird, kommt hauptsächlich in der Seegegend vor, die Zweite ist ein richtiger „Ponzichtastrudel" und ist in Ödenburg und in der Umgebung heimisch. Dieser mit den berühmten, passierten Weißbohnen, die in der Kaiserzeit in großen Mengen nach Übersee gingen, mit recht viel Rahm, Butter, Brösel Zibeben und Zucker bereitete Strudel war nicht billig, und es konnten ihn richtig nur wenige herstellen.

➤

In den vergangenen Dezennien, als die Grenze noch offen war, kamen oft rudelweise die Ausflügler aus dem Wiener Becken nach Ödenburg und Umgebung, um von diesem Strudel zu essen und einen guten Tropfen aus der Seegegend dazu zu trinken. Der „Poustrudl" war ebenso wie die Pressburger und die Ödenburger Mohn- und Nusskipferl eine Spezialität.

Zu den ältesten Speisen der Hienzen müssen die „Fosn" gerechnet werden, die heute kaum noch anzutreffen sind und an die nur noch die Feuerflecken von heute erinnern. Die echten „Fosn" sind aus dem Rest des Brotteiges, des sogenannten „Irogschea", gemacht worden.
Dieser wurde ausgewalkt, mit frischem Kraut oder nudelig geschnittenen Wasserrüben gefüllt, wozu Pfeffer, Schmalz und Rahm hinzukamen. Nachdem der Teig einfach zusammengeschlagen wurde, sind die Kraut- oder Ruimfosn im Backofen gebacken worden.

In früherer Zeit, als noch mehr Zwergbauern im Burgenlande lebten, war der Anbau des Heiden (Buchweizen) viel intensiver als heutzutage, und so ist es klar, dass so wie in der Steiermark auch hier sehr viel mit Heidenmehl gekocht wurde. So finden wir auch hier die „Hoanankneidl", den „Hoananannigl" und den „Hoananansterz". Freilich waren die aus Heidenmehl gefertigten Knödel verschieden, je nach der Kunst der Köchin. Es gab recht leichte, feine und mehr weiße, aber auch in manchen Häusern schwere, harte, blaue bis ins Lila hineinspielende

Knödel, sodass man damit einen hätte totwerfen können. Überhaupt gab es noch Gries, Semmel-, Speck- und andere Knödel.

Dasselbe galt auch von den „Nigl", man unterschied Blut- und „Oanigl" (Eier). Auch der alpenländische Sterz ist im Burgenlande zur dominierenden Macht gelangt, ganz gleich, ob er „Glundt" oder „Löfflsterz" heißt. Man unterscheidet noch heute den Bohnen-, den Gries-, den Halben- und den Krumpansterz. Erwähnt müssen noch die verschiedenen Schöberln werden, die in der Hienzerei gerade so heimisch waren wie bei den „Österreichern". Solche sind die Apfel-, „Hulla"-(Hollunder-) sowie die Akazienschöberl u. a. m.

Ein Mittelding zwischen Suppe und Mehlspeise sind die „Müllifoaferl", die so richtig in früherer Zeit eine Art Nationalspeise der Hienzen bildeten. Auch heute sind sie allüberall anzutreffen. Sie sind eine richtige Milchspeise. Es wird Milch zum Kochen hingestellt, auf einen Teller nimmt man Mehl, das nur ein wenig mit Wasser befeuchtet wird, das Mehl muss mehr trocken als feucht bleiben, sodass es Flocken bildet. Dieses Mahl wird dann in die kochende Milch eingerührt. Ähnliche Milchspeisen sind Milchnudeln, die von Becker erwähnten „Zweckerl", in Milch gekochte Nockerl, ferner das Grieskoch, das aber recht dick eingekocht wird. Der Milchreis, der auf keiner Hochzeitstafel in der Gegend von Ödenburg fehlen durfte, wurde ebenfalls ganz dick eingekocht und mit Weinberln und Zibeben bestreut.

„Von den Speisen der Hienzen" ist erschienen in:
Volk und Heimat, Bd. 6, 1953

„Volk und Heimat" ist der alte Name der Zeitschrift des
burgenländischen Volksbildungswerks, die bis heute,
seit 2001 unter dem Titel „Kultur und Bildung", erscheint.
Sie ist eine wunderbare Quelle für alle, die sich für das
Burgenland und seine vielen Kulturen interessieren.

In alter Zeit (obwohl in der Hienzerei nicht viel Kukuruz angebaut wurde) war auch das Kukuruzmehl ein begehrter Artikel, und man bereitete die von den Kroaten übernommenen Speisen wie Polenta und Kukuruzganitz bzw. „Prousa". Der Erste war mehr ein Sterz, Letztere waren mit Milch, Zucker, Eier und Fett bereitete und im Backblech gebackene Kuchen, ein Leckerbissen für Alt und Jung.

Endlich muss auch einer nur im Burgenlande bekannte Süßspeise, der „Pölleissn", gedacht werden. Man könnte sie als eine Art Torte bezeichnen. Nach Aussage ganz alter Menschen hatte man schon von jeher diese Pölleissn gekannt, die in den letzten Dezennien nur noch in Harkau und in Agendorf anzutreffen war. Teilweise ist sie noch in Pöttelsdorf bekannt, wohin sie durch Verwandte aus Harkau gebracht wurde.

Wie heutzutage die viel billigere „Bsoffene Liesl" auf den burgenländischen Hochzeiten anzutreffen ist, so musste in alter Zeit die Pölleissn die Hochzeitstafel zieren. Sie ist eine schwere, sättigende Speise und keineswegs billig. Die Zubereitung erfolgt folgendermaßen: Mit recht viel Butter wird ein großer Teig bereitet, der nicht zu verwechseln ist mit dem Butterteig unserer Tage, der im Gegensatz zu Ersterem leicht ist. Aus dem Teig werden recht große runde Platten ausgewalkt und auf der Ofenplatte gebacken. In alter Zeit geschah dies im Backofen. Die Platten werden einzeln aufeinandergelegt, indem man sie mit gedünsteten Apfelstücken, geriebenen Nüssen und Mandeln, mit

Zimt, Zibeben, mit Zucker und Honig, mit in Butter getränkten Bröseln belegt und reichlich mit Rahm begießt. Die fette Speise lässt man eine Weile im warmen Ofen und trägt sie warm auf.

Mit den angeführten sind keineswegs alle Speisen der Hienzen erschöpft. Es ist ja verständlich, dass die Zahl der Speisen groß sein muss, zumal die Hienzen von jeher als Hausierer, Vogelhändler, Rattenvertilger, Händler, Krämer und gewerbetreibende Marktfahrer in allen Ländern der einstigen Monarchie anzutreffen waren, wodurch sie mit den Speisen der verschiedenen Volksstämme vertraut wurden.

DIE PRODUZENTEN

PRODUKT	PRODUZENT	ADRESSE	TELEFONNUMMER MOBIL	FESTNETZ
Bohnen	Roland Pöttschacher	7022 Loipersbach, Gartengasse 20	+43 650 5815166	
Breinwurst	Novy Andreas	8384 Minihof-Liebau, Windisch-Minihof 38	+43 664 5332622	
Buchweizen (Pfennichkörner)	Karl Uitz	8384 Minihof-Liebau, Windisch-Minihof 188	+43 664 7660896	
Erdäpfel	Familie Josef Dorner	7341 Markt St. Martin, Hauptstraße 25	+43 664 4070177	+43 2618 3830
Fisch	Rudi Neumayer	7093 Gemeinde Jois, Yachthafen Jois Parkplatz	+43 699 12340105	
Fisch – Berufsfischer des Neusiedler Sees	Alfred Augsten	7071 Rust, Uferstraße 3		+43 2685 510
	Emmerich Varga jun.	7122 Gols, Untere Hauptstraße 123		+43 2173 2231
	Helmuth Schwarz jun.	7063 Oggau, Seegasse 26	+43 664 3827478	
	Herbert Schindler	7072 Mörbisch/See, Seestraße 9		+43 2685 8667
	Josef Fink	7143 Apetlon, Obere Neubaugasse 37		+43 2175 2015
	Josef Hafner	7083 Purbach, Seeblick 14		+43 2683 3428
	Leopold Krenn	7082 Donnerskirchen, Wiener Straße 66		+43 2683 8368
	Robert Täubel	7122 Gols, Brunnengasse 26		+43 2173 3594
	Roman Hoffmann	7092 Winden, Brucker Straße 30		+43 2160 7156
	Wolfgang Thell	7143 Apetlon, Wallerner Straße 24		+43 2175 3145
Gans	Siegfried Marth	7522 Hagensdorf, Hagerdorf 116	+43 664 4109988	
Huhn	Eveline und Johann Pfaller	7111 Parndorf, Heidehofweg	+43 664 5322519	+43 2166 2738
Keramik	Mia Kostyan	7302 Nikitsch, Hauptstraße 25	+43 650 9250202	
Innereien	Max Stiegl	7083 Purbach, Hauptgasse 64		+43 2683 56086
Kastanien	Stefan Pichler	7444 Klostermarienberg, Wiesengasse 9	+43 650 2843715	+43 2611 2920
Kirschen	Andrea Strohmayer	7091 Breitenbrunn, Prangerstraße 49	+43 664 6182296	
Kraut	Mag.Iris Wallner	7083 Purbach am Neusiedler See, Quergasse 20	+43 699 11495065	
Kukuruz	Karl Ratzenböck	7143 Apetlon, Paulhof 1	+43 664 4110146	
Kürbis	Familie Jugovits	7472 Schachendorf, Schachendorf 16	+43 664 3554546	
Kürbiskernöl	Klaus-Peter Fartek	8384 Minihof-Liebau, Minihof-Liebau 95 & 1		+43 3329 2120
Majoran	Hannes Pinterits	7011 Siegendorf, Eisenstätterstraße 97	+43 664 2247261	
Mangalitza	Richard Triebaumer	7071 Rust, Rathausplatz 4	+43 664 4058462	+43 2685 528
Milch	Erwin Meitz	8384 Minihof-Liebau, Tauka 39		+43 3329 2311
Nüsse	Christine Woinar	7372 Drassmarkt, Hauptstrasse 30	+43 664 1920142	
Sauergemüse	Hannes Steiger	7201 Neudörfl, Waldgasse 1292	+43 664 3731631	
Schaf	Wolfgang Hautzinger	7162 Tadten, Jägerweg 15	+43 699 10862647	
Schwein	Ivan Krizmanich	7302 Kroatisch Minihof, Hauptstraße 91	+43 676 5584590	
Steppenrind	Martin Karlo	7152 Pamhagen, Rosengasse 1	+43 664 1018372	
Streuobst	Brigitte Gerger	8291 Burgauberg, Hochkogel 22	+43 664 5311522	
Tauben	Gerhard Methlagl	7535 Tobaj, Deutsch Tschantschendorf 59	+43 664 3817670	
Wein – Blaufränkisch: Weingut Goszer	Markus Bach	7473 Burg, Burg 95	+43 664 3863777	
Wein – Eiswein + Hofladen: Andert-Wein	Michael Andert	7152 Pamhagen, Apetlonerstraße 58	+43 680 5515472	
Wein – Schilfwein: Weingut Opitz	Willi Oppitz	7142 Illmitz, St. Bartholomäusgasse 18	+43 676 9310888	
Wein – Uhudler: Burschenschank Wolf	Hans Wolf	7522 Heiligenbrunn, Heiligenbrunn 10	+43 664 3502436	
Wein	Lisa Lehrner	7312 Horitschon, Hauptstraße 56	+43 664 5292119, +43 664 4556999	
Weizen/Getreide	Robert Neumayer	7082 Donnerskirchen, Seehof 1	+43 664 88348315	
Wild	Gegorg Wurm	2422 Pama, Heidesiedlung 41	+43 664 5580550	
Zucker	Markus Fröch	7023 Zemendorf, Kleinfrauenhaid 2a	+43 664 3331092	

EMAIL	WEBSITE	
honigwein@lupold.at	https://www.lupold.at/ueber-uns-und-presse/	
kontakt@jostmuehle.at	http://www.novy-food.info/	
info@familieuitz.at	https://www.familieuitz.at/ueber-uns	
	http://www.fischereiverband-neusiedlersee.at/index.php?id=79	
helmut-betty@bnet.at		
siegfried.marth@aon.at		
	http://www.biobauernhof-pfaller.at/	(ab Herbst 2021 in Pension)
	www.ma-keramik.at	
office@gutpurbach.at	https://www.gutpurbach.at/	
office@dkaestnklauba.at	https://dkaestnklauba.at/	
	www.genussquelle.at	
iris@gemueseraritaeten.at	https://www.gemueseraritaeten.at/	
office@ratzenboeck.co.at	https://www.ratzenboeck.co.at/	
kuerbismeister@aon.at	https://www.kuerbismeister.at/de/ueber-uns/	
fartek@aon.at	https://minihof-liebau.at/unternehmen/betriebe/127-fartek-klaus-peter-handelsbetrieb-oelpresse	
office@safranoleum.at	https://safranoleum.at/safranoleum/	
office@triebaumerrichard.at	https://www.triebaumerrichard.at/	
office@ge-nuss-region.at	http://www.ge-nuss-region.at/	
	http://www.weingut-steiger.at/	
office@schafzucht-hautzinger.at	http://www.schafzucht-hautzinger.at	
altes-zollhaus@uab-krizmanich.at	http://www.altes-zollhaus-krizmanich.at/	
office@fleischerei-karlo.at	https://www.fleischerei-karlo.at/	
roland.poe@live.com		
gmethlagl@aon.at	https://meinhof-meinweg.at/at/methlagl-tauben	
bach@groszerwein.at	https://groszerwein.at/	
michael@andert-wein.at	https://www.andert-wein.at	
winery@willi-opitz.at	https://www.willi-opitz.at/	
office@buschenschank-wolf.at	https://www.buschenschank-wolf.at/	
weingut@paul-lehrner.at	https://www.paul-lehrner.at/	
	https://pannatura.at/landwirtschaft/	

KROATISCH MINIHOF.

BURG LOCKENHAUS IM NEBEL.

284

GASTAUTOREN

THOMAS BREZINA ist Autor und Moderator. „Die Knickerbockerbande", seine erfolgreichste Buchreihe, wurde in 19 Sprachen übersetzt. Viele seiner Bücher hat er im Burgenland geschrieben.

WOLFGANG BÖCK war als der Kieberer Trautmann in der Fernsehserie „Kaisermühlenblues" so erfolgreich, dass er und der Trautmann daraufhin ihre eigene, gleichnamige Serie bekamen. Er ist Wahlburgenländer und Intendant der Schlossspiele Kobersdorf.

SASKIA JUNGNIKL ist Südburgenländerin, Journalistin, Autorin und begeisterte Uhudlertrinkerin. Ihr Buch „Papa hat sich erschossen" über den Selbstmord ihres Vaters sorgte in Deutschland, der Schweiz und Österreich für Aufsehen.

WOLFGANG WEISGRAM ist Autor und seit vielen Jahren Burgenland-Korrespondent der Tageszeitung „Der Standard".

ELFIE SEMOTAN ist weltweit als Fotografin höchst gefragt. Sie hat schon für „Elle", „Vogue", „Esquire" oder gemeinsam mit Helmut Lang fotografiert. Sie lebt in New York und Jennersdorf im Burgenland.

ÄGIDIUS J. ZSIFKOVIC ist Bischof von Eisenstadt und Angehöriger der Volksgruppe der Burgenlandkroaten. Er wird öfter zum Essen eingeladen, als ihm das lieb ist.

NICOLE AIGNER ist Moderatorin und Redakteurin des ORF Burgenland mit dem Spezialgebiet Kulinarik und Wein. Sie hat zahlreiche Sendungen über burgenländische Esskultur und Spezialitäten gestaltet.

GERTI ANDERSSON hat als Jugendliche in der damals neuen Felix-Fabrik in Mattersburg gearbeitet. Sie ist Mitherausgeberin des Buchs „Zum Glück gibt es Felix", das sich mit der spannenden Geschichte der Firma und der Mattersburger Fabrik beschäftigt.

KATHARINA GRAF-JANOSKA ist Autorin und Angehörige der Volksgruppe der Roma. In ihrer Arbeit beschäftigt sie sich immer wieder damit, wie Roma wahrgenommen werden – nicht zuletzt auch (durch) deren Küche.

ULRIKE TRUGER hat als Bildhauerin zahlreiche internationale und nationale Preise gewonnen. Im Südburgenland hat sie einen alten Hof revitalisiert und zu einem Kunstzentrum umgebaut.

FRANK HOFFMANN wurde als Schauspieler und Moderator der ORF-Sendung „Trailer" berühmt, er gehört außerdem zu den gefragtesten Sprechern des deutschen Sprachraums. Er ist begeisterter Wahl-Südburgenländer und Intendant des Kultursommers Güssing.

BARBARA KARLICH moderiert bereits seit 1999 die „Barbara Karlich Show" im ORF und hält damit den Rekord im deutschen Sprachraum für die am längsten laufende Talkshow. Sie ist Burgenlandkroatin, in Trausdorf im Burgenland aufgewachsen und hat dort äußerst gut gegessen.

THOMAS STIPSITS' Südburgenland-Krimi „Die Uhudler-Verschwörung" war 2020 das meistverkaufte Buch Österreichs. Wenn Stipsits nicht Krimis schreibt, tritt er im Fernsehen auf (etwa in der Comedy-Serie „Burgenland ist überall") und spielt Kabarett (Salzburger Stier 2021).

REGISTER

A

— **Ausbruchwein, der:** Süßwein. (S. 114)

B

— **Blutnigl, der:** landestypische soufflee-artige Speise aus Blut, das bei der Schlachtung des Viehs gewonnen wird. (S. 38)

— **Boaschoal, das oder der:** Hochdeutsch „Bohnenschale", Bezeichnung für Fisolen oder landestypisches Gericht aus gebratenen Fisolen, Speck, Zwiebeln, Knoblauch und Pfeffer. (S. 236)

— **Bohnenritschert, das:** landestypisches Gericht aus eingebrannten Bohnen. (S. 126)

— **Botrytis-Wein, der:** Süßwein. (S. 114, 243)

— **Breinwurst, die:** traditionelle selbstgemachte Wurst, die im Original mit Brein (dt. Brei aus Hirse, Buchweizen oder Rollgerste), der im Sud der abgekochten Innereien eines frisch geschlachteten Schweins eingeweicht bzw. gekocht wurde, gefüllt wird. Schwarze Breinwurst, die: siehe oben, inklusive Beimengung von frischem Blut. (S. 7, **206**, 208, 280)

— **Buchweizen, der:** Weizen, der keiner ist – Buchweizen gehört zur Familie der Knöterichgewächse. (S. 44, 208, **222**, 224, 141, 280)

— **Burgenländer, der:** Einwohner des Burgenlandes; auch landestypisches Gericht: eingelegtes Kraut, wird als Beilage gereicht. (S. 32)

— **Buschbohne, die:** bodenwachsende Hülsenfrucht, die im Gegensatz zur Stangenbohne keine Rankhilfe braucht. (S. 126)

C

— **Christkraut, das:** landestypisches Gericht aus Kraut, das zu Weihnachten serviert wird. (S. 32)

D

— **Drei-Schwestern-Methode, die:** aus Mexiko stammende Maisanbaumethode, wobei Kürbis, Mais und Bohnen im Verbund gezogen werden. (S. 60)

E

— **Eingießen, das:** Methode zur Haltbarmachung von Fleisch, das zu diesem Behuf luftdicht in Schweinefett „eingegossen" wurde; meist Fett von Mangalitzas. (S. 66)

— **Eiswein, der:** Süßwein, der bei minus acht Grad geerntet wird; regionale Spezialität. (S. 114, 119, 210, 280)

F

— **Fogosch, der:** österr. für Zander, im Ungarischen „fogas". (S. 54)

— **Fosn, die (Pl.):** golatschenartige landestypische Speise, süß oder auch pikant. (S. 7, 32, 44, 76, **104**, 132)

— **Fesn, die (Pl.):** fladenartige landestypische Speise. (S. 44)

G

— **Graurind, das:** auch Ungarisches Steppenrind genannt. Alte Hausrindrasse aus dem ungarischen Tiefland, die heute vom Aussterben bedroht ist. (S. 51, **108**, 110)

— **Grundbirn, die:** regionaler Begriff für Erdäpfel bzw. Kartoffel, abgeleitet von der birnenartigen Form der Knolle und dem Ort ihres Wachstums – im Grund und Boden. (S. 132)

C

— **Gutedel, die:** beliebte, fruchtige Traubensorte, die zwischen den Weinstöcken angebaut und als Obst in Wien verkauft wurde. (S. 114)

H

— **Habern, der:** Burgenländisch für Hafer. (S. 44)

— **Hachel, der oder die:** Küchenwerkzeug zum Hobeln von Gemüse. (S. 76)

— **Halászlé, die:** ungar. Fischsuppe, wird unter Zugabe von reichlich Paprika zubereitet. (S. 54, **56**)

— **Halmrübe, die:** auch Stoppelrübe genannt. Nach der Getreideernte ausgesätes landestypisches Gemüse. (S. **146**, 148)

— **Hasenstreckenlegung, die:** feierliches Ritual am Ende einer Treibjagd, bei dem die erlegten Hasen in Mustern auf dem Boden aufgelegt werden; priesterliche Weihe inklusive. (S. 10, 14, 140-141)

— **Hianzisch, das** (auch Heanzisch oder Hoanzisch, ungarisch „hiénc"): im Südburgenland gebräuchlicher mittelbairischer Dialekt. In seinem Geburtsjahr 1921 lautete einer der Namensvorschläge für das jüngste Bundesland der Alpenrepublik „Heinzenland". (S. 44, 104, 228, **270**)

— **Hianzischer Hühnerkramer, der:** einst burgenländischer Händler, der auf Wiener Märkten in Käfigen gehaltenes Geflügel verkaufte; siehe Kramer, veraltet für Krämer. (S. 16)

— **Hoanmehl, das:** Mehl, das aus Samenkapseln des Buchweizens gewonnen wird. Auch Heidenmehl genannt, angeblich weil der Buchweizen mit den Ungläubigen aus dem Osten gekommen ist. (S. 222)

— **Hoansterz, der:** Sterz, der aus „Hoanmehl" zubereitet wird; hochsprachlich: Heidensterz. (S. 7, **224**)

— **Holler, der:** Holunder, aber auch Unsinn. Beere mit vielen Vorzügen, die sich im Burgenland besonders wohlfühlt. (S. **142**, 144, 174, 198)

— **Hullaschoibal, das:** auch Holunderschöberl; landestypische Süßspeise aus durch einen Teig gezogenen Dolden des Holunderstrauchs. (S. 142, **144**)

I

— **Igel, der:** im Burgenland auch für Schalen der Edelkastanie. (S. 123, 162)

J

— **Johanni, der:** auch Johannestag, Hochfest der Geburt von Johannes des Täufers. Fällt in die Zeit der Sommersonnenwende. (S. 126)

— **Joiser Schwarze Einsiedlerkirsche, die:** im Gebiet des Leithagebirges heimische Kirschsorte. (S. 22)

K

— **Kahmhefe, die:** Schimmelpilz, der auf der Oberfläche etwa der Krautblätter wächst. Das Kraut wird demnach „kahmig". (S. 76)

— **Kletzenbrot, das:** süßes Brot mit gedörrten Früchten. (S. 178, **180**)

— **Krautstoan, der:** Stein, der zum Beschweren des Deckels genutzt wurde, der das im Holzzuber gelagerte Kraut bedeckte. (S. 76)

— **Kroarlsalat, der:** Salat aus ausgetriebenen Rübenblättern, siehe auch Ruabnkei. (S. 132)

— **Kürbisfleck, der:** landestypisches Gericht aus Schweine-kürbissen und Teig. (S. 168)

— **Kürbiskernöl, das:** aus Kürbiskernen gewonnenes, nussig schmeckendes aromatisches Öl. (S. 7, **212**, 214, 280)

L

— **Lesehahn, der:** landestypisches, zur Weinlese gereichtes Hühnergericht. (S. 16)

— **Leithaberg, der:** Name des Terroirs. Leithagebirge: Erhebung zwischen dem Burgenland und Niederösterreich; scherzhaft auch Grenze zwischen Genie und Wahnsinn genannt – ohne die jeweiligen Seiten zu benennen. (S. 7, 22, 24)

— **Lohnschlag, der:** bestimmte Tage, an denen die Bauern ihre Kürbiskerne zu den Ölkühen bzw. -mühlen trugen und gegen Entgelt schlagen bzw. pressen ließen. (S. 212)

M

— **Maigroun, der:** hianzischer Ausdruck für Majoran. (S. 82)

— **Mangalitza, das:** ursprünglich ungarische Wollschweinerasse; einst fast schon vergessen, erlebt sie heute im Burgenland ein Comeback. (S. 51, **66**, 280)

— **Maroni, die:** Edelkastanie. (S. **162**)

— **Martini, der:** Festtag des hl. Martin, des burgenländischen Landesheiligen, jährlich am 11. November. (S. 200)

N

— **Neusiedler-See-Fisch, der:** ist keine speziell im Neusiedler See vorkommende Spezies, sondern die Bezeichnung von im Neusiedler See heimisch gewordene Fische wie Zander, Hecht, Karpfen oder Wels. (S. **54**, 280)

— **Neusiedler-See-Aal, der:** Aale sind im Neusiedler See gar nicht heimisch. Der Neusiedler-See-Aal wurde in dem Steppensee mit dem einzigen Grund ausgesetzt, dass man ihn aus dem See wieder herausfischen kann. Mittlerweile wurde diese Praxis untersagt. (S. 54)

— **Noah, die:** südburgenländische, weiße Rebsorte, zählt zu den Direktträgern; auch im Uhudler enthalten. (S. **190**)

— **„Nose to tail":** engl. Begriff für die Verwertung aller verwertbaren und genießbaren Teile des geschlachteten Viehs. (S. 38)

O

— **Ochsenmarkt, der:** ehemaliger Rinderumschlagplatz in der Nähe des heutigen Stadtparks in Wien. (S. 108)

— **Ödenburger Nusskipferl, das:** landestypische Süßspeise, vor allem in Zeiten der Habsburgermonarchie. (S. 152)

— **Ölkuh, die:** traditionelles Gerät zur Gewinnung von Kürbiskernöl. Geröstete und geschrotete Kerne werden mit einem Stößel geschlagen, bis das Öl austritt. (S. 212)

— **Ölmühle, die:** Gerät zur Gewinnung von Kürbiskernöl. (S 212)

— **Oxenweg, der:** Handelsweg, auf dem einst die (Grau-)Rinder von Ungarn bis nach Süddeutschland getrieben wurden. (S. 108)

P

— **Papiernuss, die:** leicht zu schälende und somit zum rohen Verzehr geeignete Nussart. (S. 152)

— **Parl, das:** Burgenländisch für Paar. Ein Parl Trauben wurde, auf dem Dachboden zum Trocknen aufgehängt, zu Weihnachten als Delikatesse verspeist. (S. 114)

— **Poncichter, der:** regionaler Begriff für Bohnenzüchter, Spottname für deutschsprachige Soproner Weinbauern. (S. 126, **138**, 139)

— **Powidl, der:** Mus aus Zwetschken, im Burgenland auch für lange Zeit wegen Mangels an Zucker als Süßstoff in Verwendung. (S. 88, 174)

— **Pörkölt, das:** ungarisches Schmorgericht, das dem Wiener Gulasch entspricht. Bestellt man in Ungarn hingegen ein „Gulyas", bekommt man Gulaschsuppe. (S. 73, 108)

— **Pracker, der:** alter Begriff für Kirschenverkäufer aus der Gegend des Leithagebirges. (S. 22)

— **Pressgans, die:** landestypisches Gericht, das zum Abschluss der Weinlese zubereitet wird. (S. 200)

— **Presskuchen, der:** beim Pressen des Kürbiskernöls übrig gebliebener Rückstand, der als Viehfutter verwendet wird. (S 212, 216)

— **Prousa, die:** landestypisches sättigendes Süßgericht aus Maismehl, Milch, Zucker, Eiern, Fett und div. Früchten. (S. 60, 277)

— **Purbäcker Spätbraune, die:** im Gebiet des Leithagebirges heimische Kirschsorte. (S. 22)

— **Puszta, die:** Landschaftsgroßraum, der Teile von Ungarn, der Slowakei und des Burgenlandes umfasst, baumarme Steppenlandschaft mit kontinentalem Klima. (S. 30, 100, 108)

R

— **Raffen:** Hianzisch; Erntemethode für Majoran, der dabei ausgerissen wird; siehe Raffa: Hianzisch für einen groben Fruchtrechen. (S. 82)

— **Ribbeln:** Hianzisch für „rebeln". (S. 82)

— **Ripnjaki, die (Pl.):** landestypischer Strudel mit Topfen und Grammeln. (S. 146, **148**)

— **Ruabnkei, die (Pl.):** während der Lagerung ausgetriebene Blätter der Halmrübe, wird hauptsächlich für Kroarlsalat verwendet. (S. 146)

S

— **Salatgründe, die:** Schwemmland bei Neusiedl am See, auf dem ehemals Majoran angebaut wurde. (S. 82)

— **Sauergemüse, das:** mittels Milchsäurebakterien vergorenes und dergestalt haltbar gemachtes Gemüse. (S. **76**, 280)

— **Sautanz, der:** Festtag, an dem das Vieh geschlachtet und zerlegt wurde. (S. 20, 28, 32, 36, 38, 166, 227, 248, 256)

— **Schlachttag, der:** Festtag für die Menschen, Zitterpartie für Nutztiere. (S. 38, 206)

— **Schweinekürbis, der:** Futterkürbissorte, die im Burgenland aber auch Eingang in autochthone Rezepte gefunden hat. (S. 168)

— **Siebenschläfer, der:** in diesem Fall eine im Burgenland heimische, spätblühende Apfelsorte; man kann also getrost kraftvoll hineinbeißen. Vorsicht, sauer. (S. 178)

— **Spindel, die:** Burgenländisch für grasartiges Ackerunkraut. (S. 44)

— **Sta-Nuss:** Burgenländisch für Steinnuss. (S. 152)

— **Steirischer Maschanzker, der:** Apfelsorte, die ihrem Namen zum Trotz auch im Südburgenland wächst und gedeiht. (S. 178)

— **Stichfleisch, das:** Fleisch im Bereich der Kehle des Schweins, die mit einem Messer bei der Schlachtung durchschnitten wurde. (S. 38)

— **Streuobstwiese, die:** Rasenfläche, auf der willkürlich verstreute, verschiedene Obstbäume gesetzt wurden. (S. 162, **178**)

T

— **Türkenmehl, das:** veralteter mundartlicher Begriff für Maismehl, das aus dem Osten kam. (S 60)

— **Türkensterz, der:** landestypisches Gericht, Sterz aus Maismehl. (S. 60)

U

— **Uhudler, der:** Wein aus nordamerikanischen Rebsorten, der im Burgenland ihren Siegeszug angetreten hat. Die Reben waren immun gegen die Reblaus. Heute geschützte Herkunftsbezeichnung, ähnlich dem Schilcher in der Steiermark. (S. 73, 99, **190**, 192, 280, 285)

— **Ungarischer Blauer, der:** regionale Speisekürbissorte. (S. 168)

W

— **Weidegans, die:** artgerecht gehaltenes Federvieh, zur Daunenherstellung oder zum Verzehr. (S. 200, 280)

— **Weinbastrudel, der:** süßer landestypischer Strudel mit Weintrauben. (S. 114, **116**)

— **Weißer Maiskönig, der:** ausgestorbene Maisart, im Burgenland ehemals besonders beliebt. (S. 60)

Z

— **Zinolte, die:** landestypisches Gericht, runde Laibchen aus weißem Mehl. (S. 44)

— **Zisterziensermönch, der:** Glaubensbruder des Zisterzienserordens, im 11. Jhdt. in Frankreich gegründet. (S. 162)

— **Zuspeis, die:** regionaler Begriff für Beilage zur Hauptspeise. (S. 139, 146, 168)

— **Zweigelt, Friedrich** (auch Fritz, 1888–1964): Önologe, Botaniker, Entomologe, überzeugter Nationalsozialist. Namensgeber des Blauen Zweigelt. (S. 174, 190)

EINST WAR DIE GEGEND UM BERNSTEIN BERÜHMT FÜR IHREN MOHN, HEUTE IST ER IM BURGENLAND SELTEN GEWORDEN. FAMILIE JUGOVITS BAUT IHN NOCH AN.

STARE IM SEEWINKEL.

294

DER STARRE SEE.

295

INHALT

Produkte		Rezepte	

Geschichten

Sonstiges

GARTENZWERGE UND GARTENSCHNEEWITTCHEN.

298

BURG FORCHTENSTEIN.

299

BURG GÜSSING.

MEHRERE HUNDERT JAHRE ALTER KASTANIENBAUM.

302

IMPRESSUM

1. Auflage 2021

Idee und Fotografie: Inge Prader
Konzept und grafische Gestaltung: Clara Monti
Texte: Tobias Müller
Gastbeiträge: Thomas Brezina, Wolfgang Böck, Saskia Jungnikl,
Wolfgang Weisgram, Elfie Semotan, Ägidius J. Zsifkovic,
Nicole Aigner, Gerti Andersson, Katharina Graf-Janoska,
Ulrike Truger, Frank Hoffmann, Barbara Karlich, Thomas Stipsits.
Lektorat: Armin Baumgartner
Assistenz: Paula Figl, Johanna Steininger
Papier: Salzer Design white 150g, Überzug Bamberger Kaliko 222/106
Gedruckt in Österreich

ISBN 978-3-200-07821-5

PEFC/06-39-257

201920019

PRINTED IN
AUSTRIA

DANKSAGUNG

Mein besonderer Dank gilt all den vielen Menschen, die mir
für dieses Projekt ihre Zeit geopfert haben, über das Essen des
Burgenlands erzählt, mich mit Menschen in Kontakt gebracht
und Termine organisiert haben – und ganz besonders jenen,
die selbst nicht (oder zu wenig) im Buch vorkommen: Willibald
und Elfi Stacherl, die mir die Freuden des südburgenländi-
schen Sterzes mit Schwammsuppe nähergebracht und mit
ihren Kontakten weitergeholfen haben; Michi Andert, unserem
Mann für alle Fälle im Seewinkel; Herbert Brettl, der mir viel
über die Geschichte der Schafe und der Milch im Burgenland
erzählt hat und dessen Blog (www.brettl.at) immer wieder
interessant zu lesen ist; Maria Bauer, die nicht nur selbst gekocht, sondern auch viele andere dazu gebracht hat, für uns
zu kochen; Maria Rüssel, die mir fast jede Frage beantworten
konnte, Tanja Stacherl für Hilfe in letzter Sekunde (es waren
viele!); und den freundlichen Mitarbeitern der Bibliothek des
Burgenländischen Volksbildungswerks, die mir erstaunlich
prompt einen erstaunlich alten Text organisiert haben.

TOBIAS MÜLLER